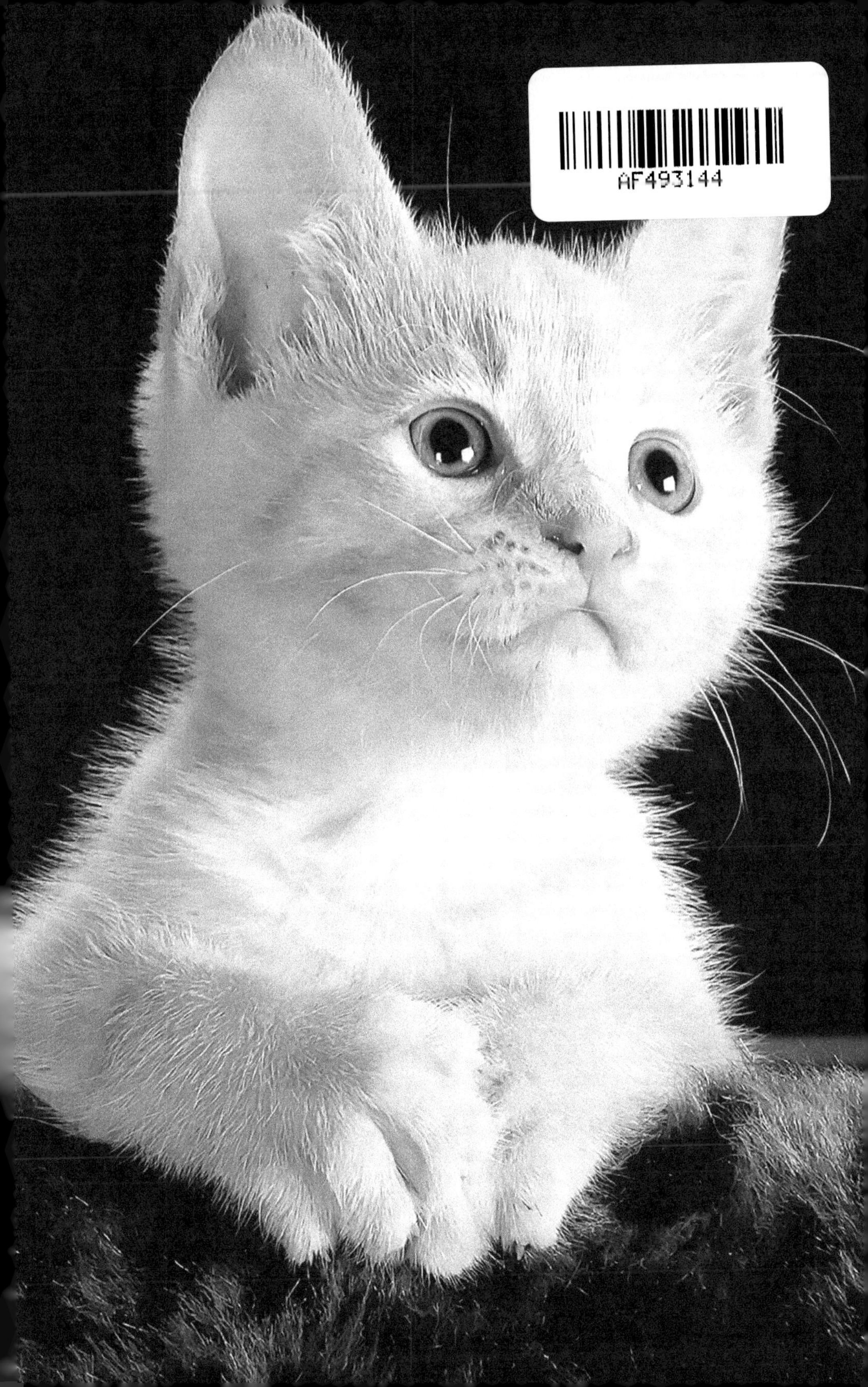
AF493144

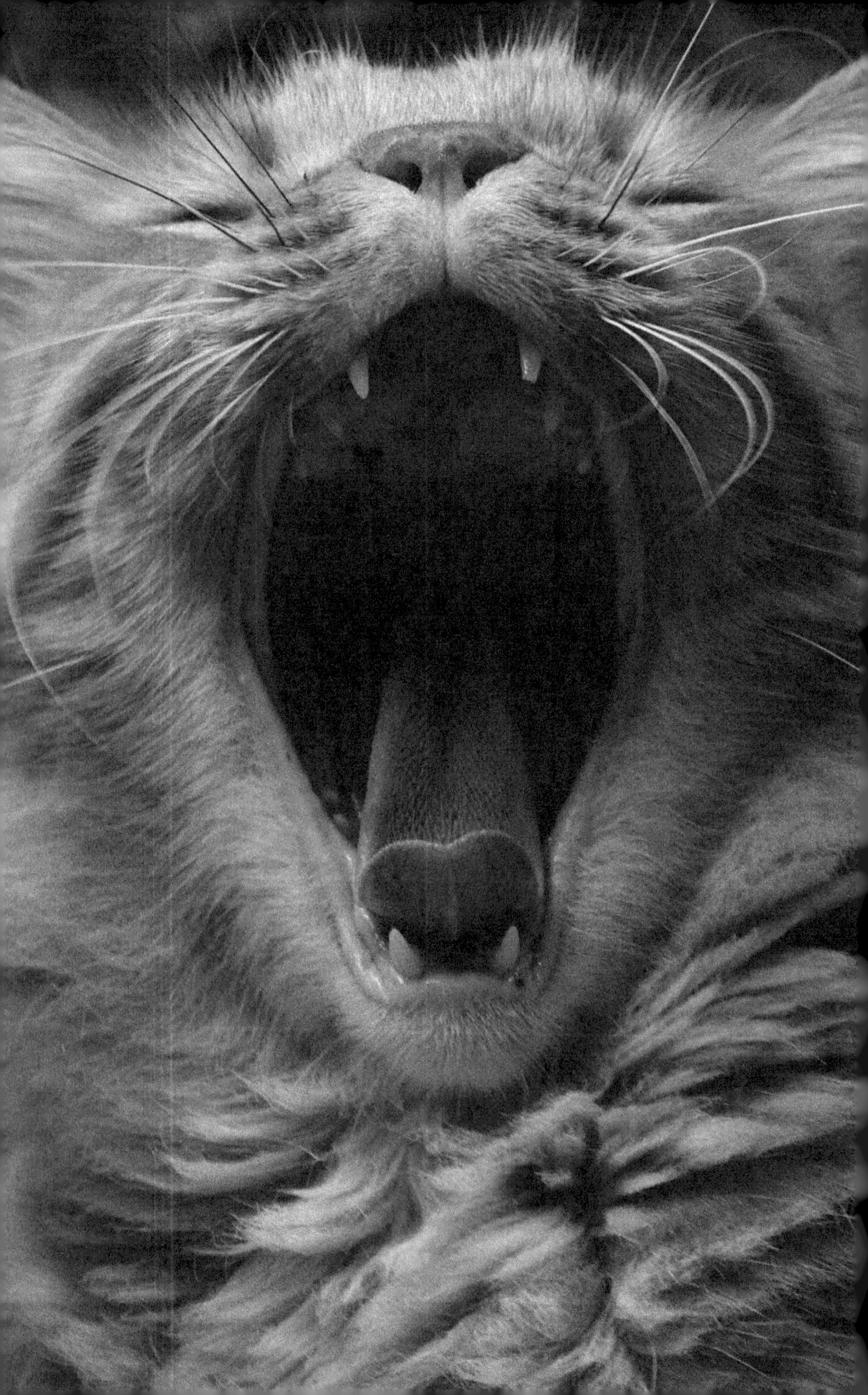

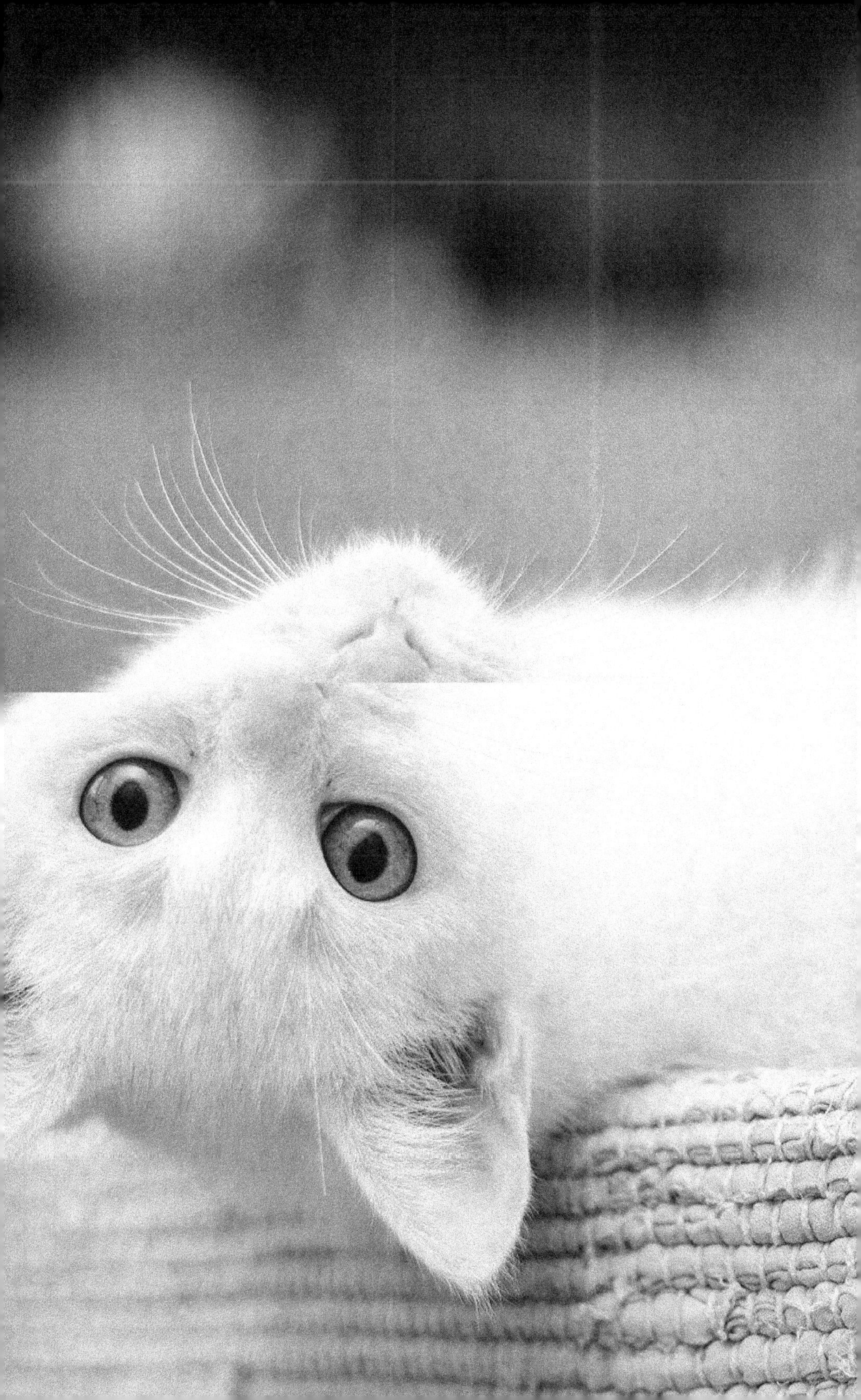

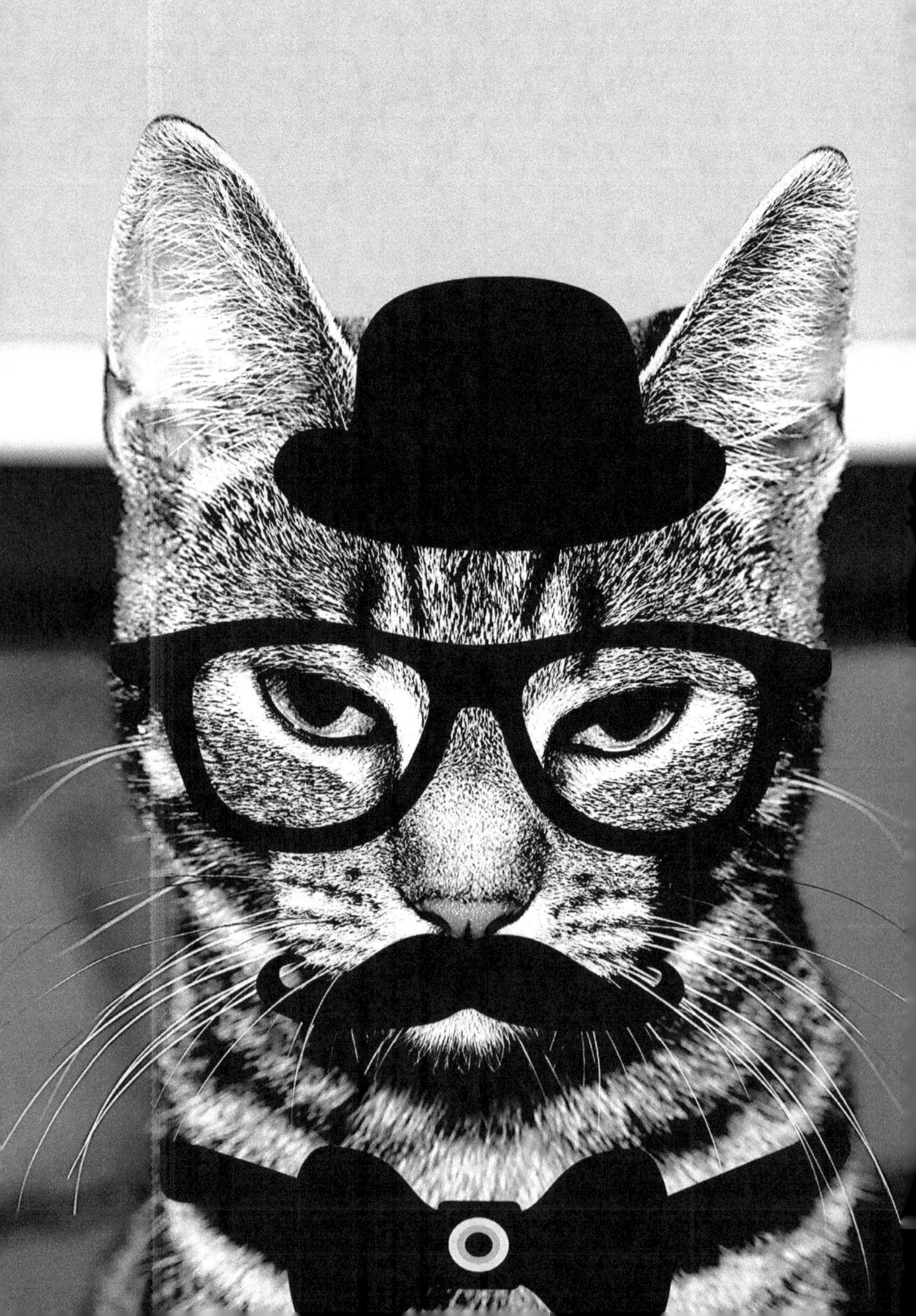

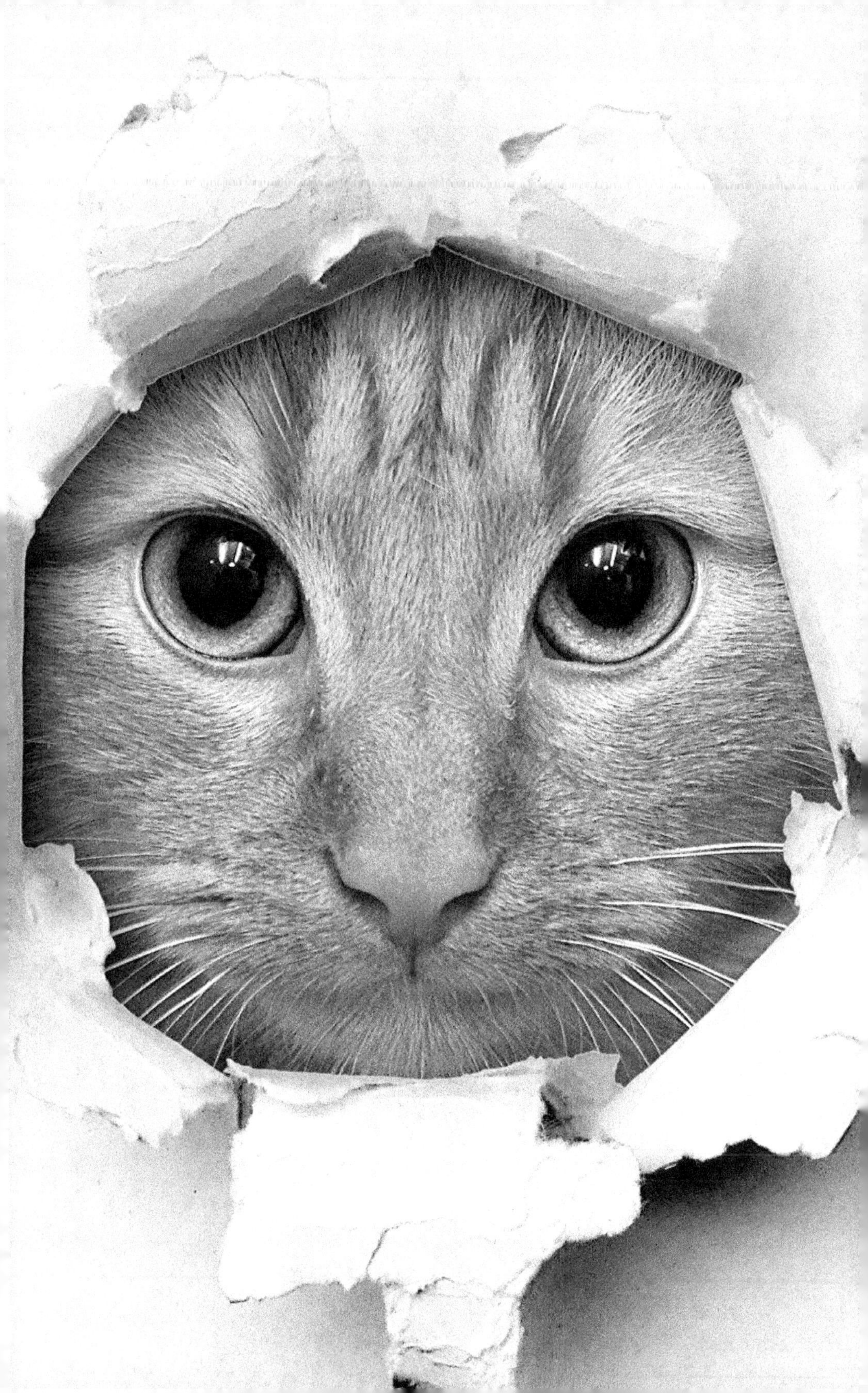

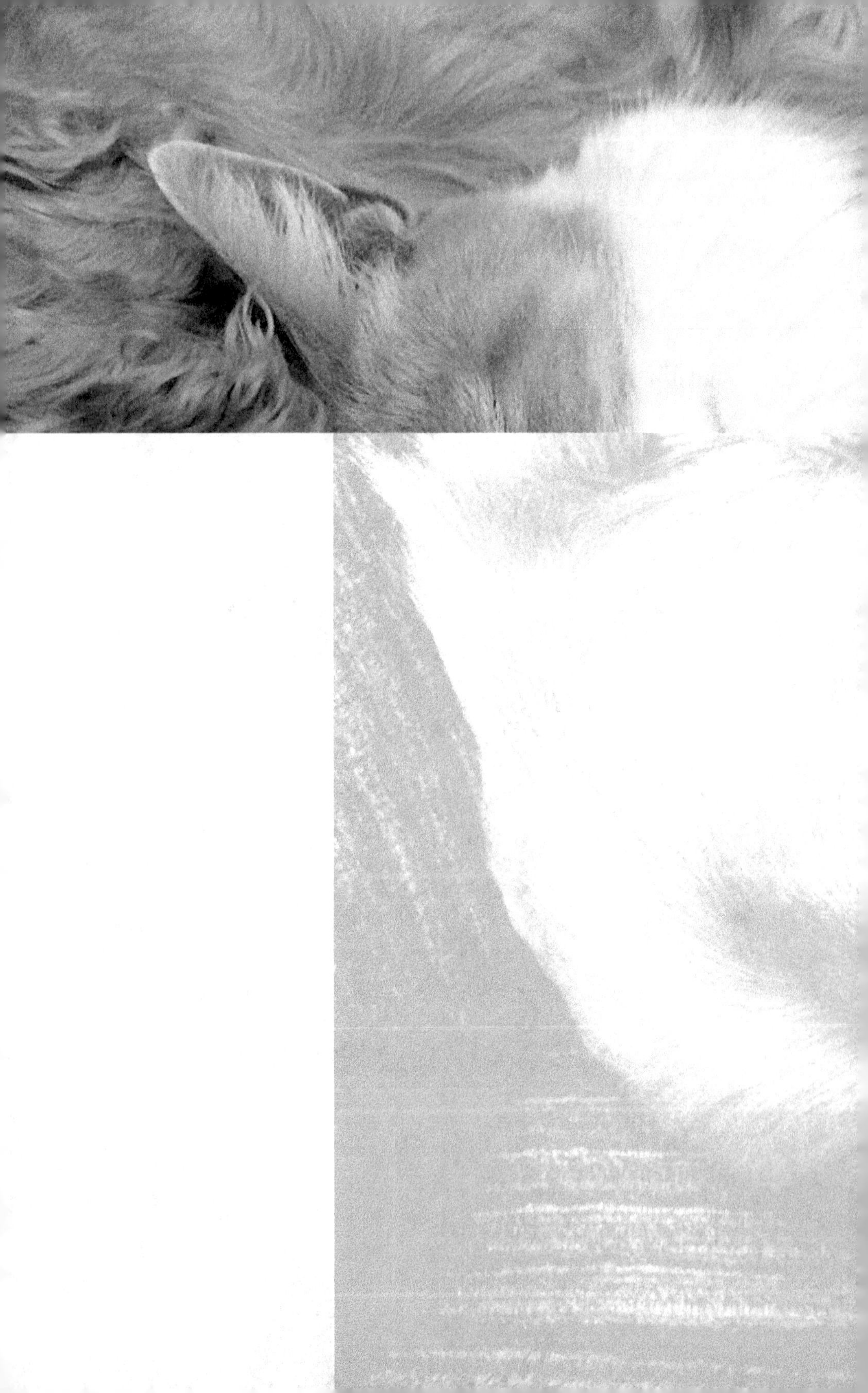

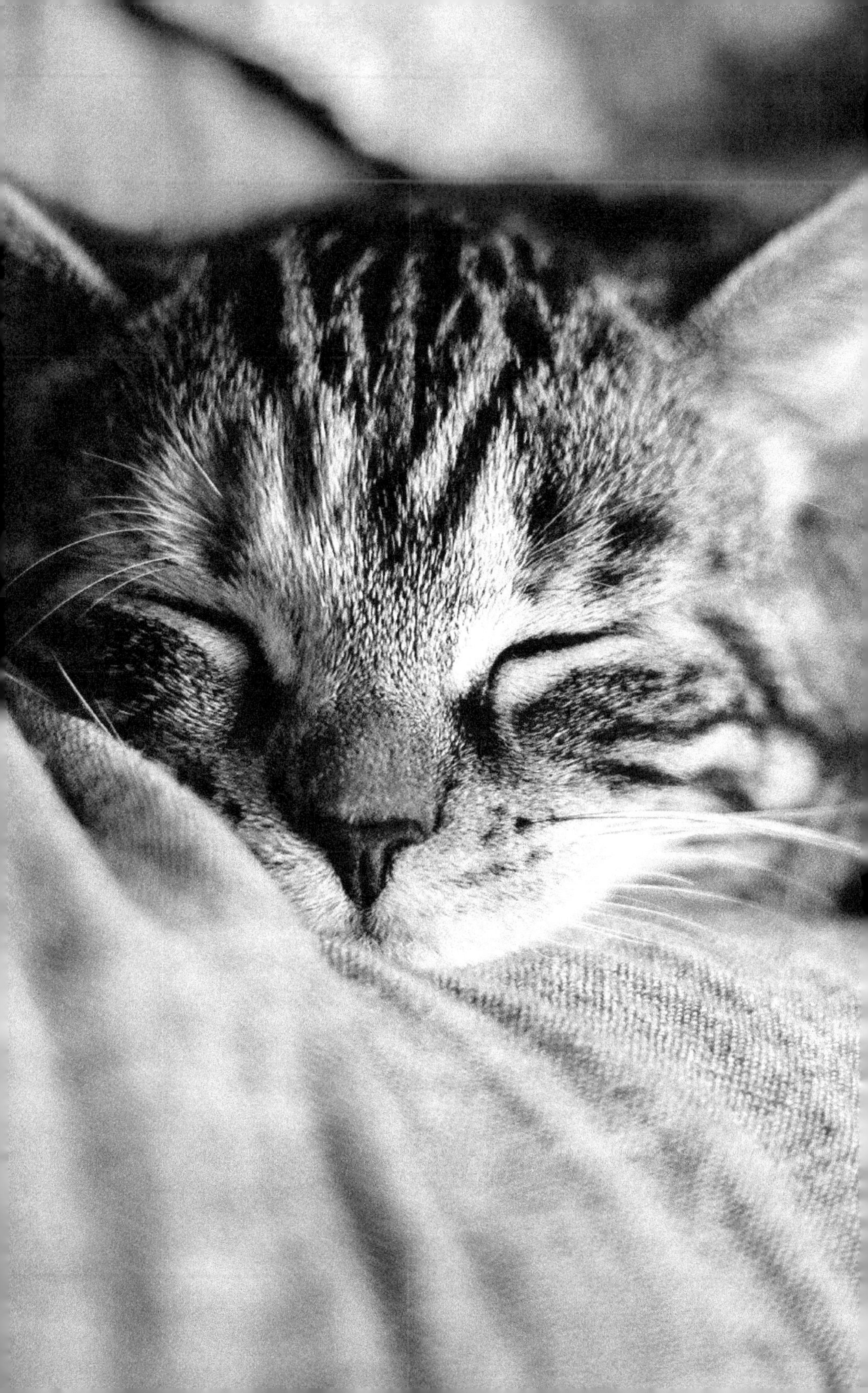

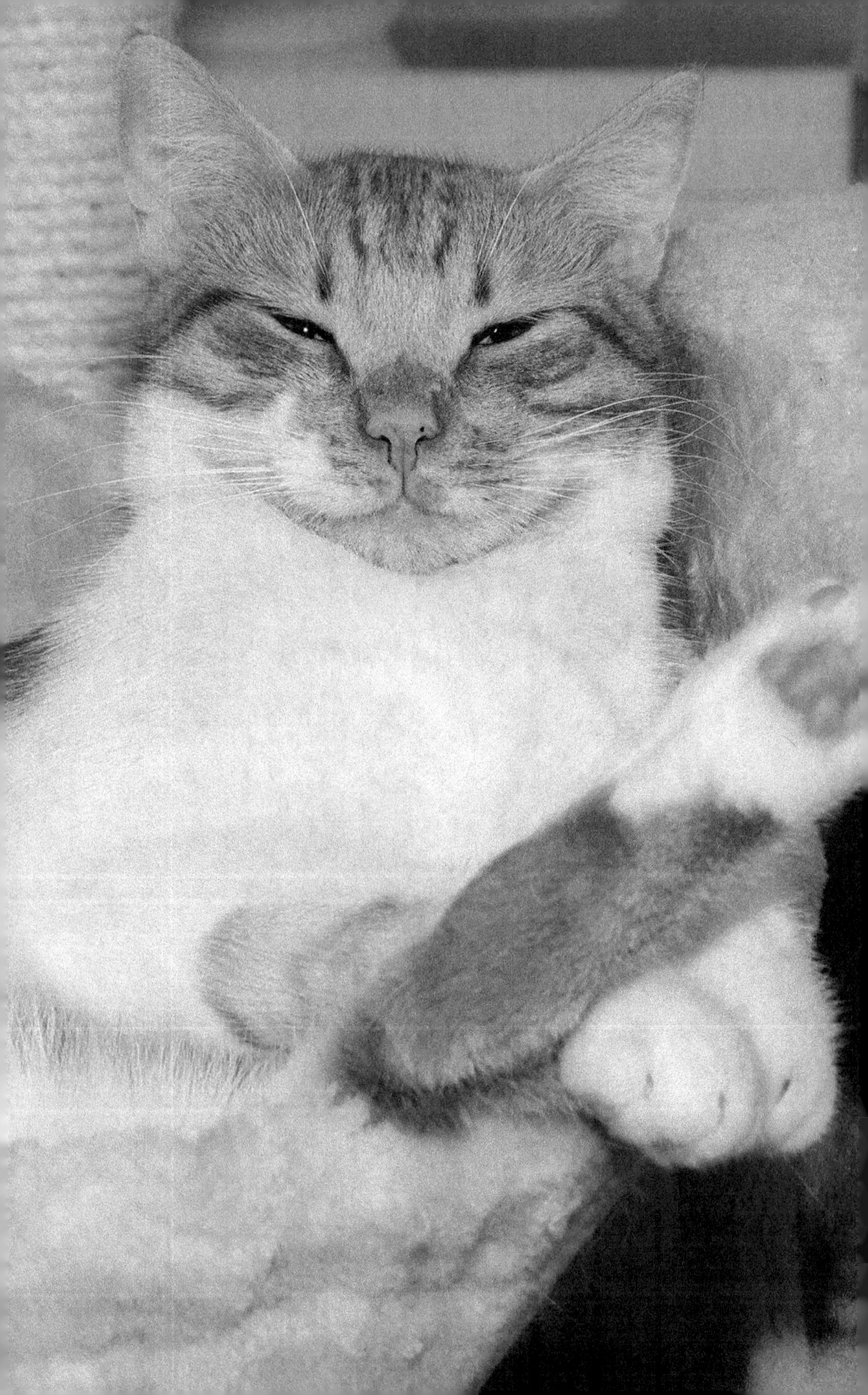

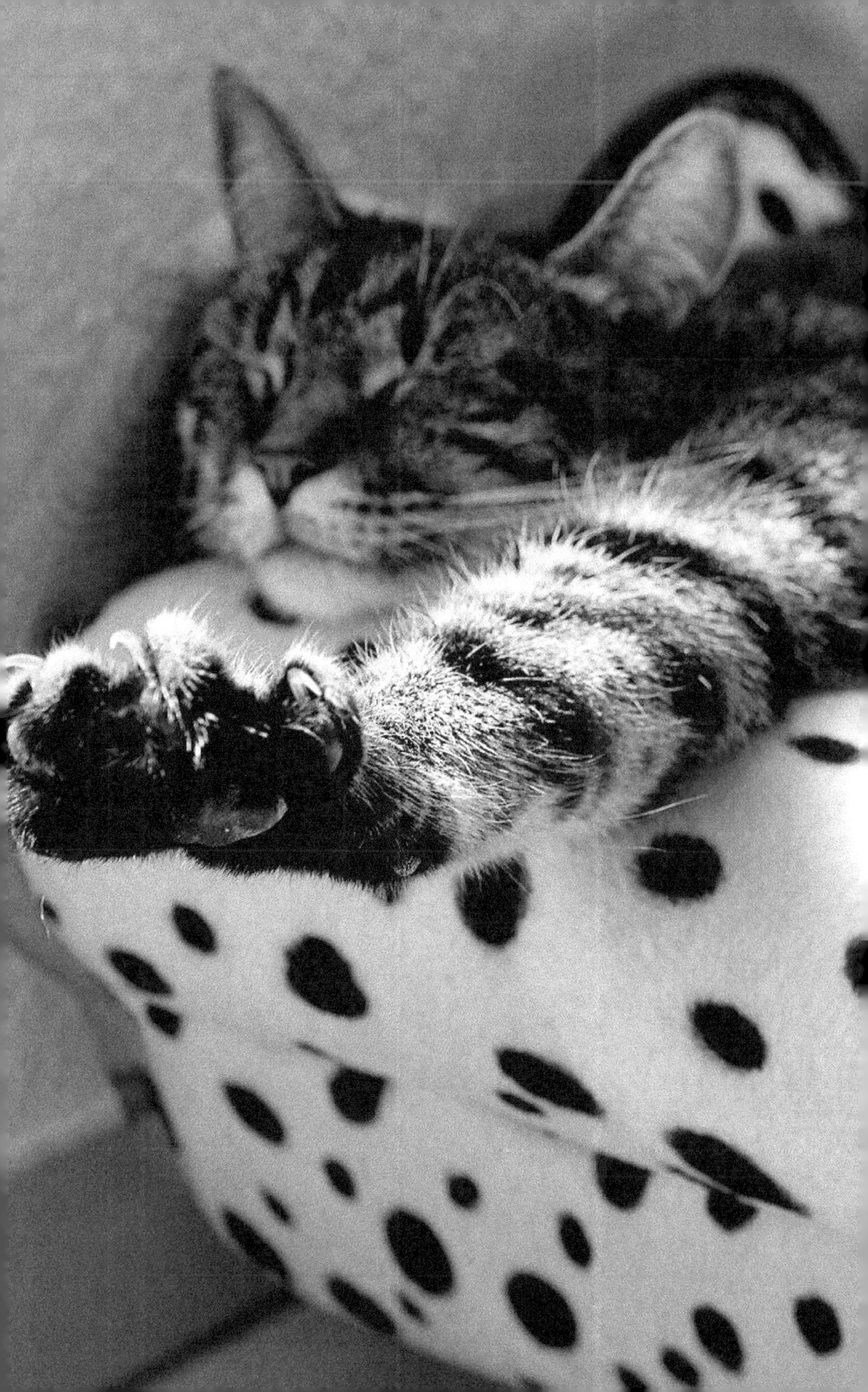

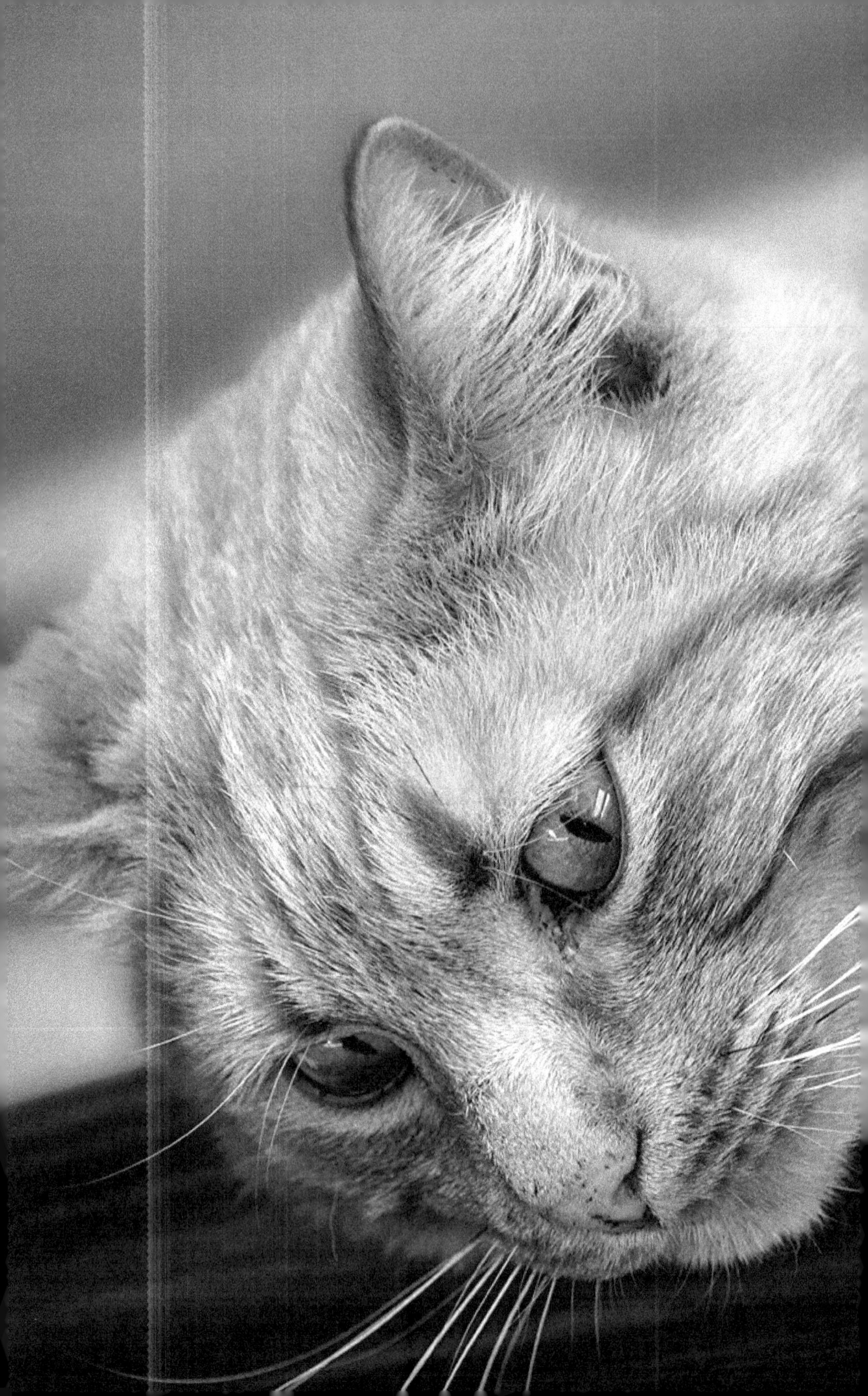

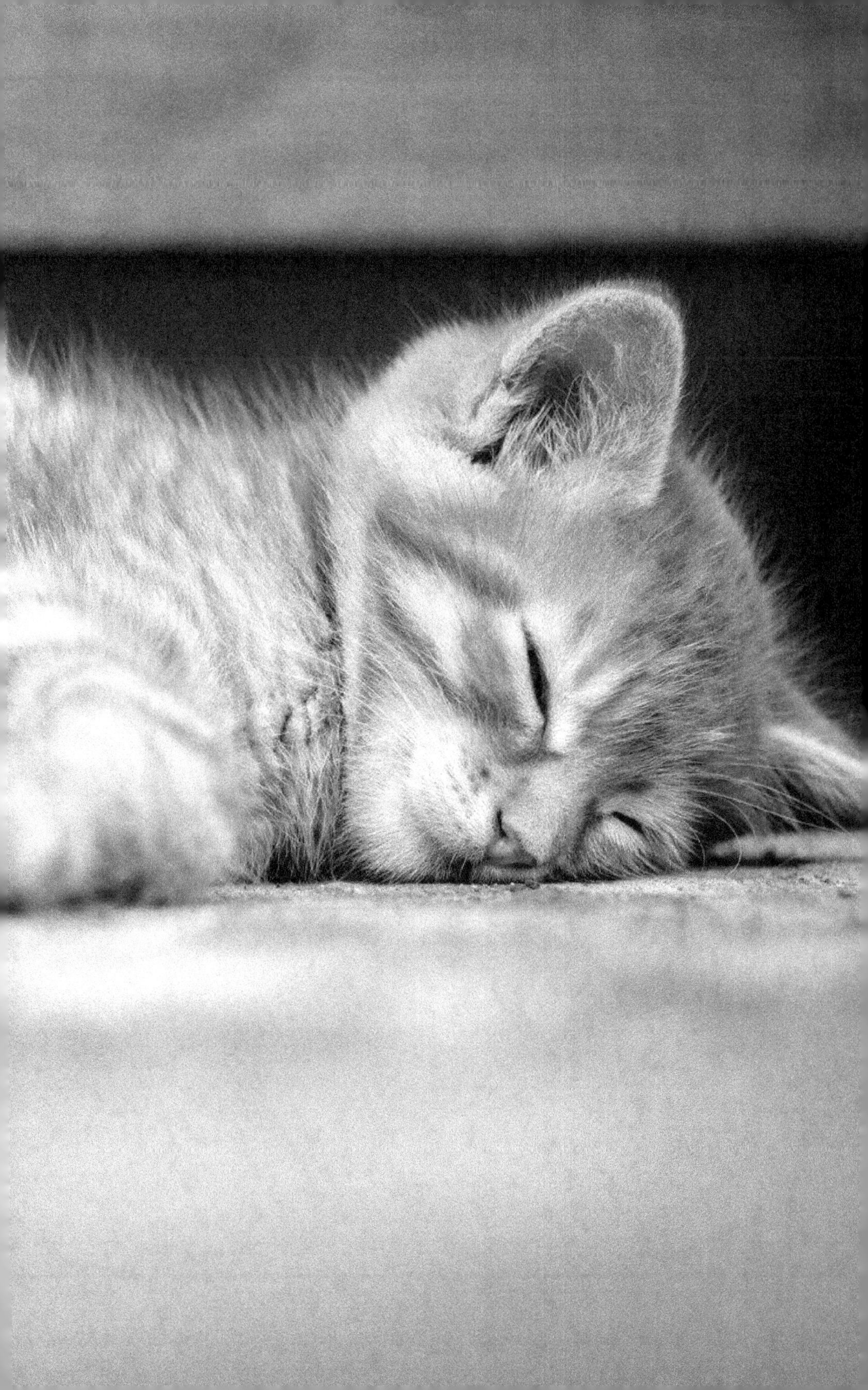

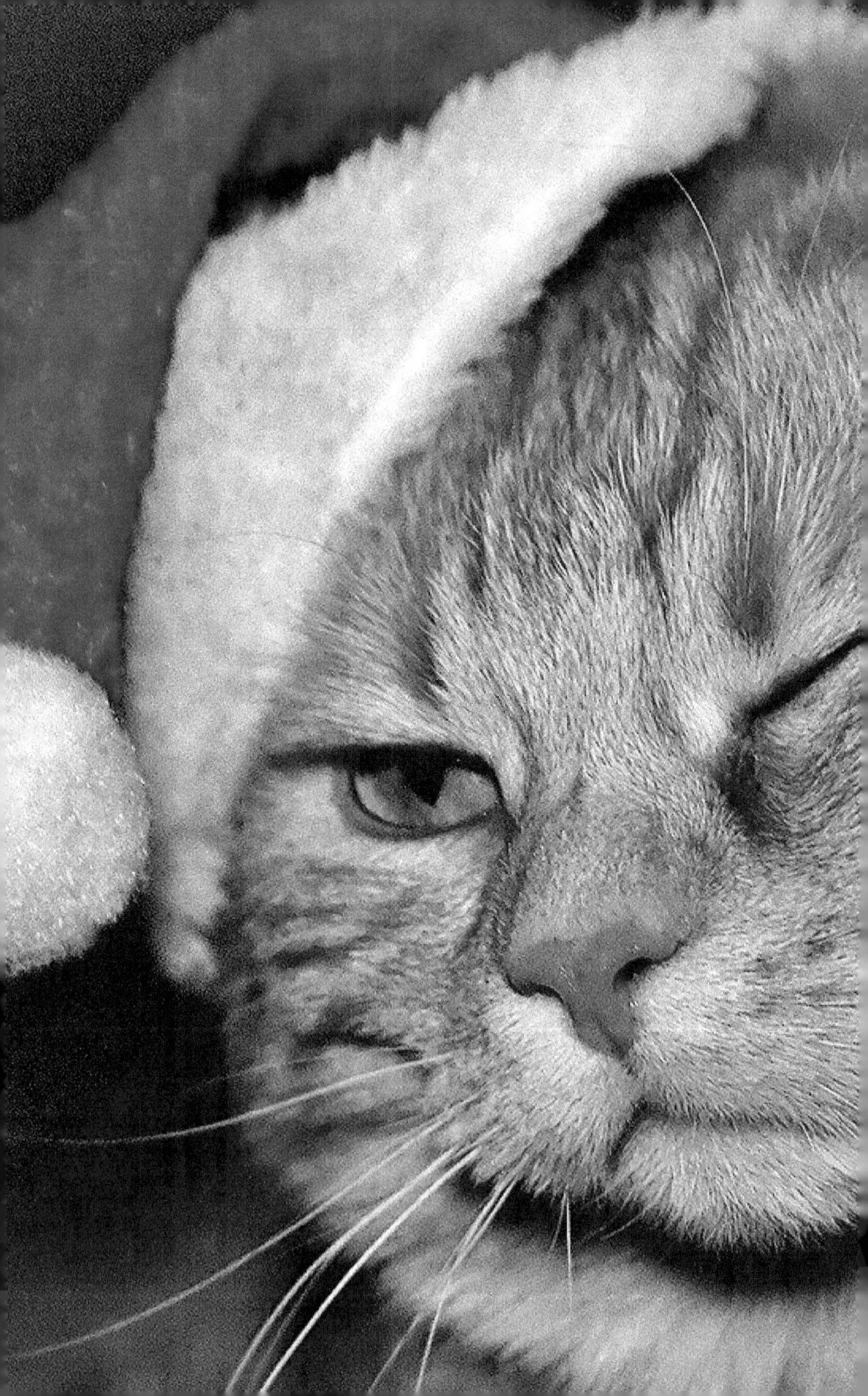

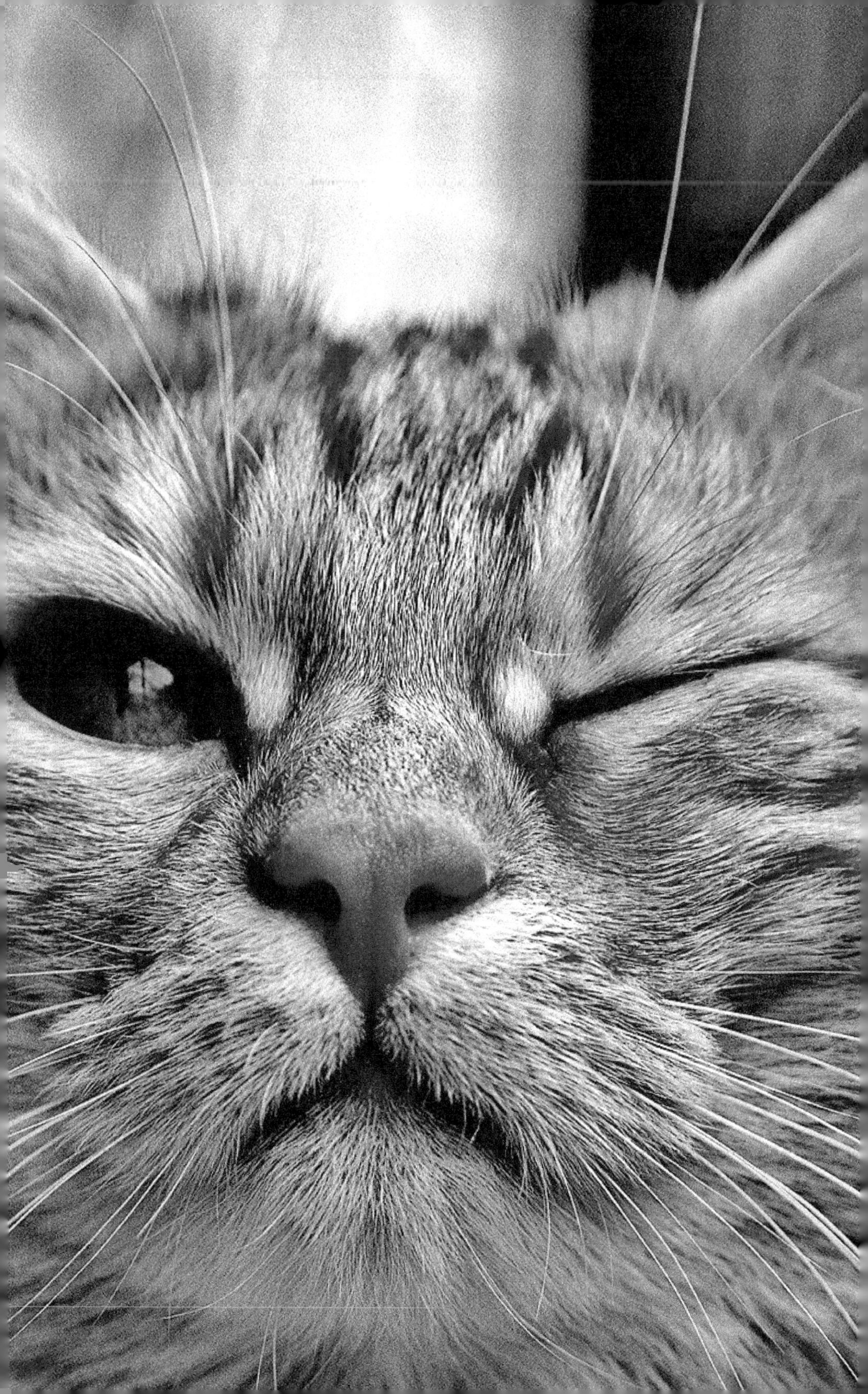

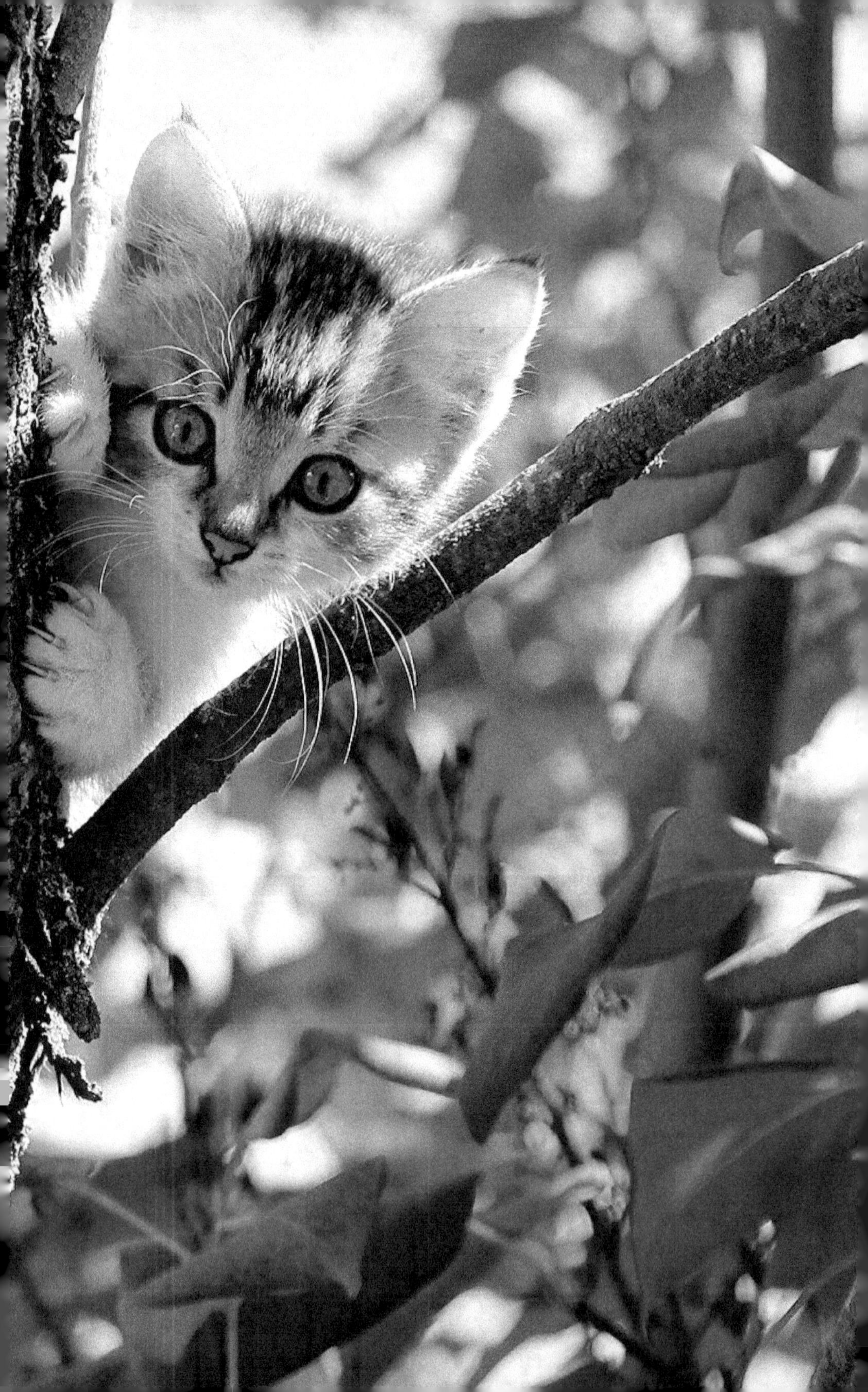

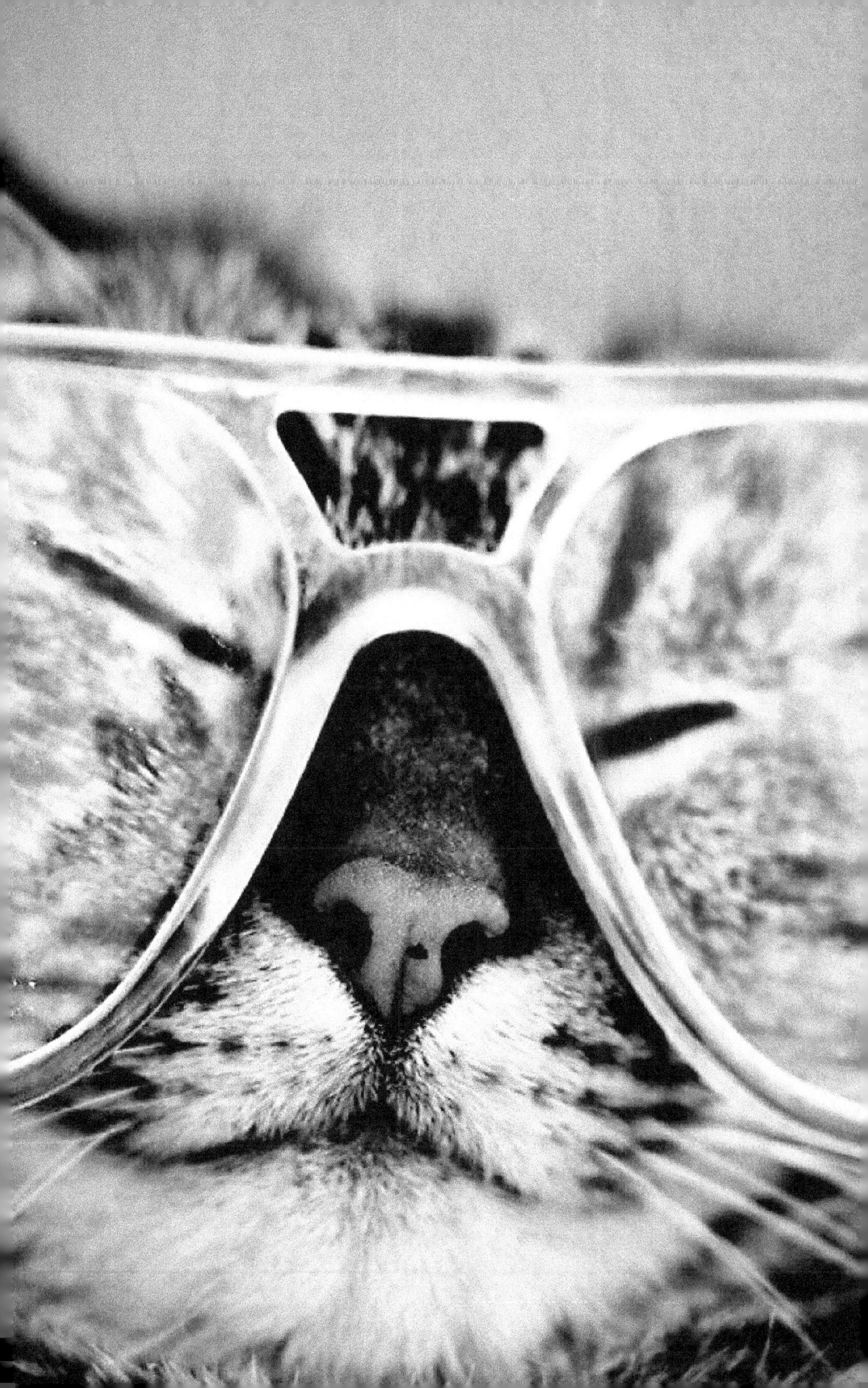

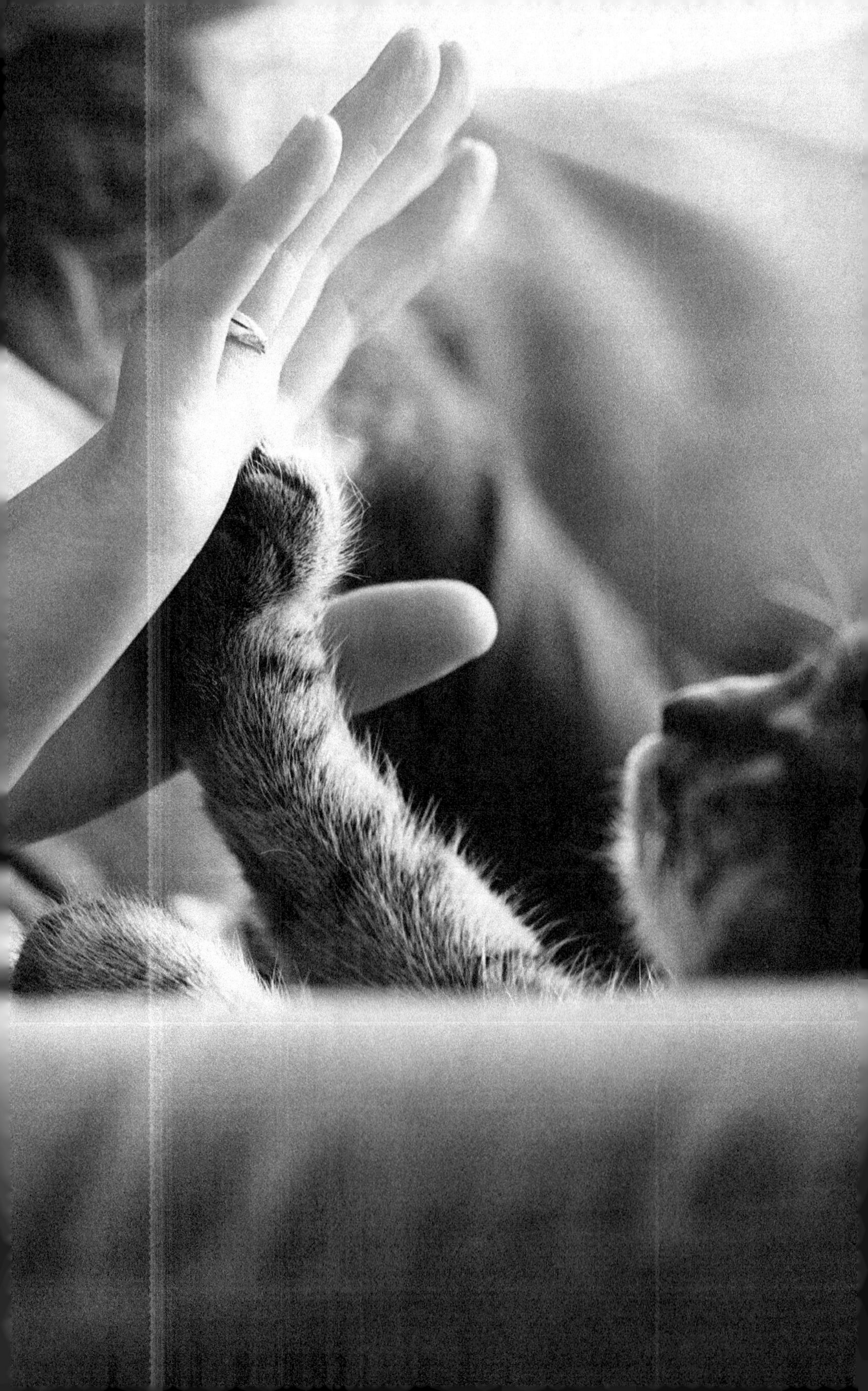

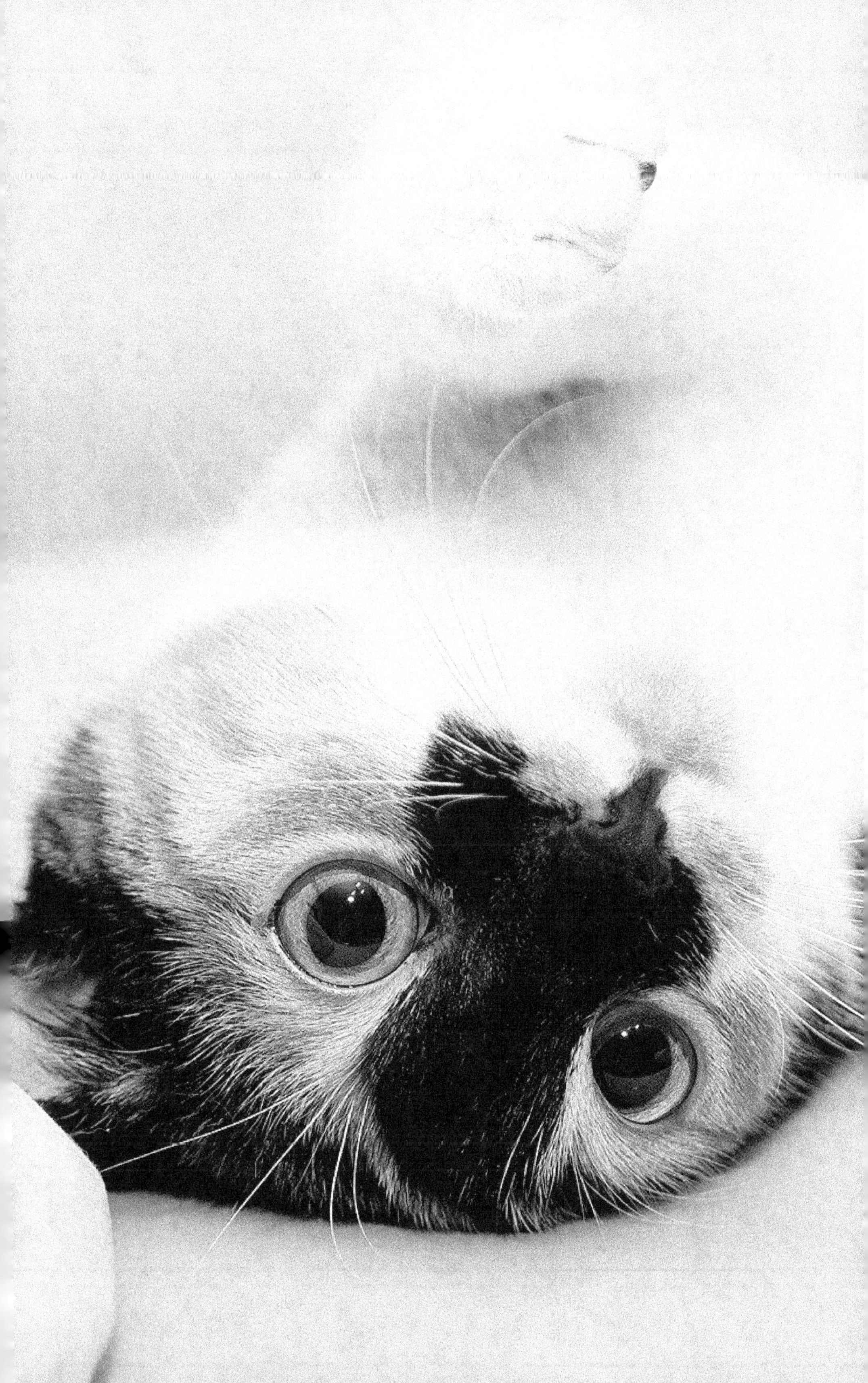

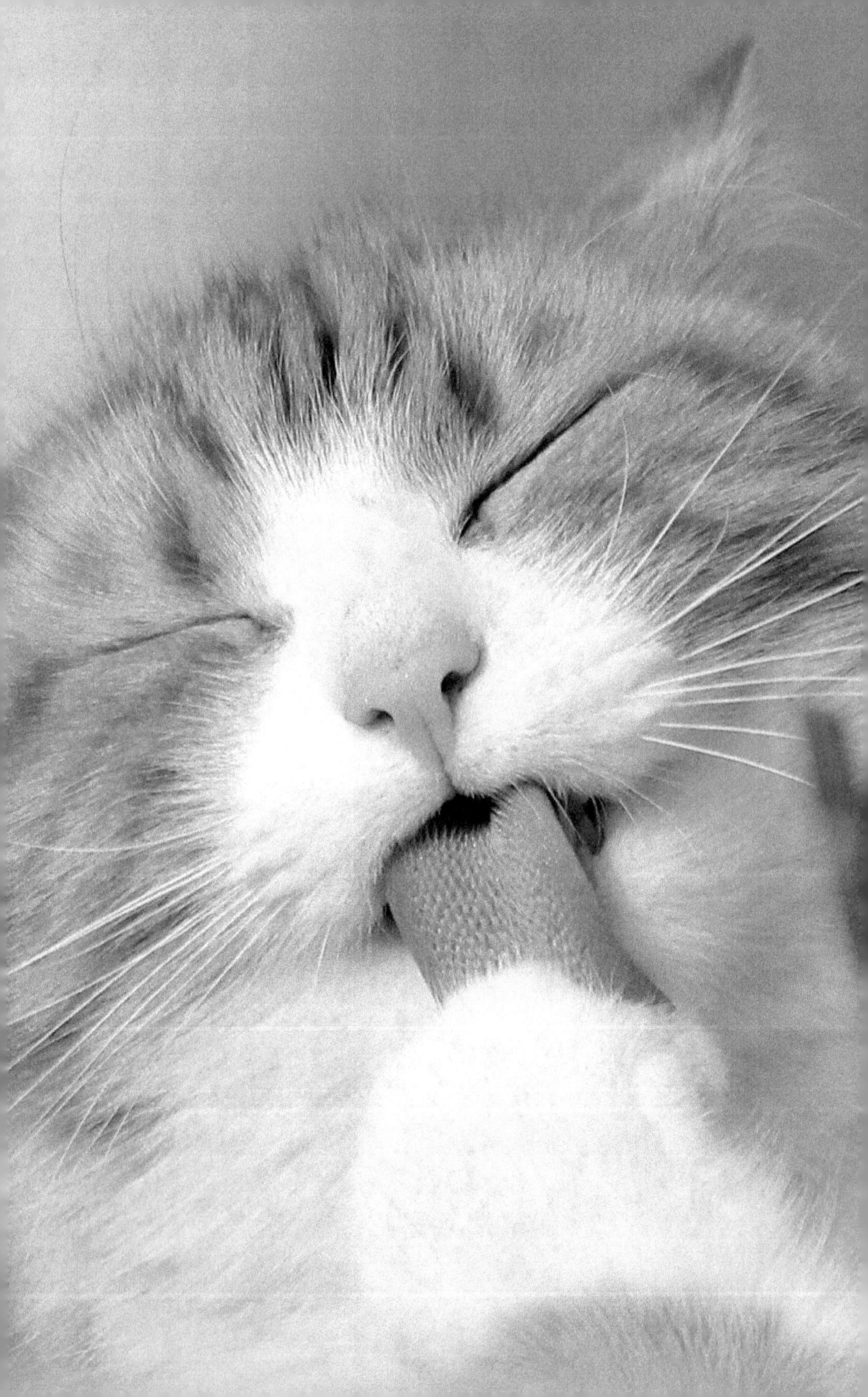

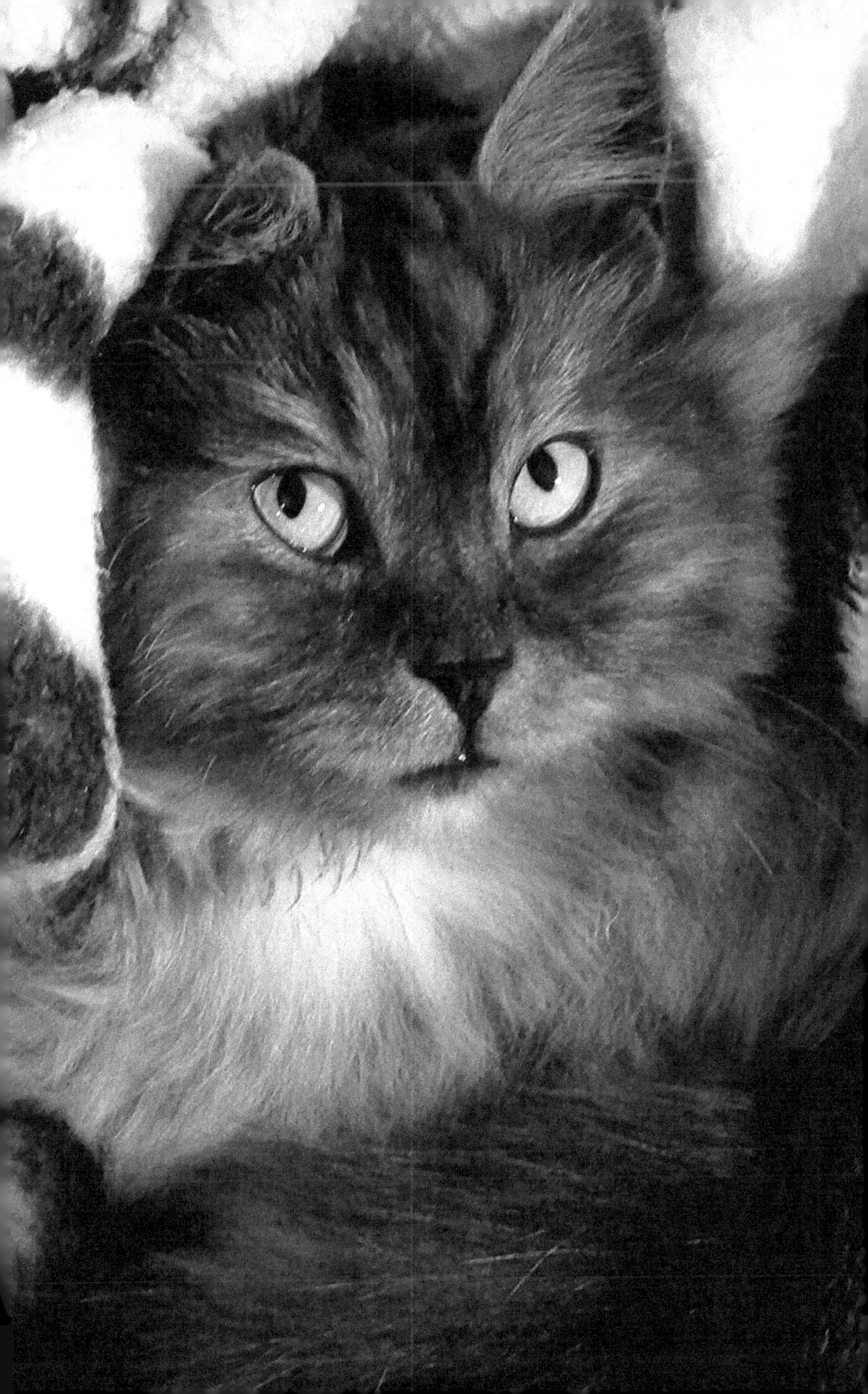

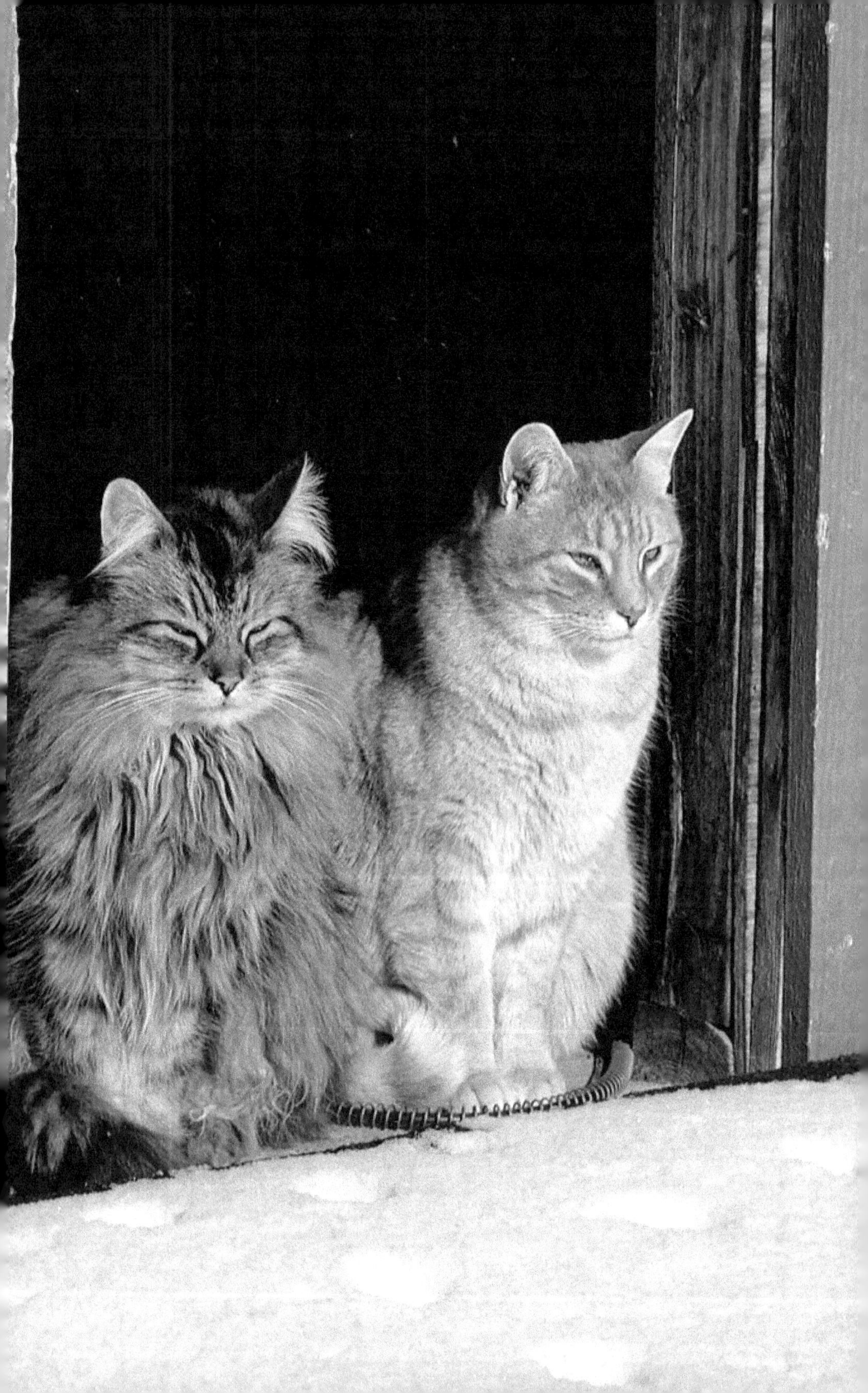

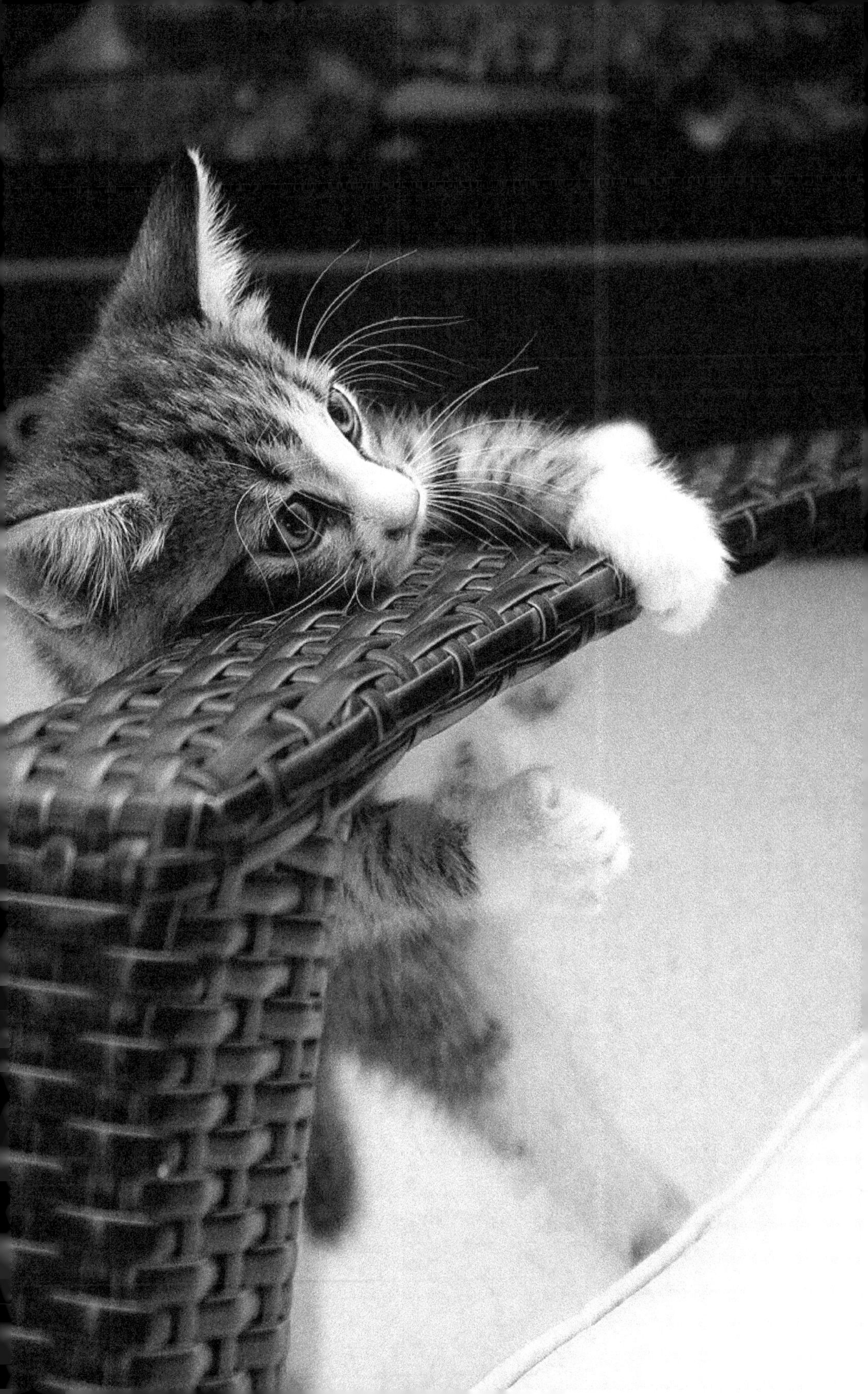

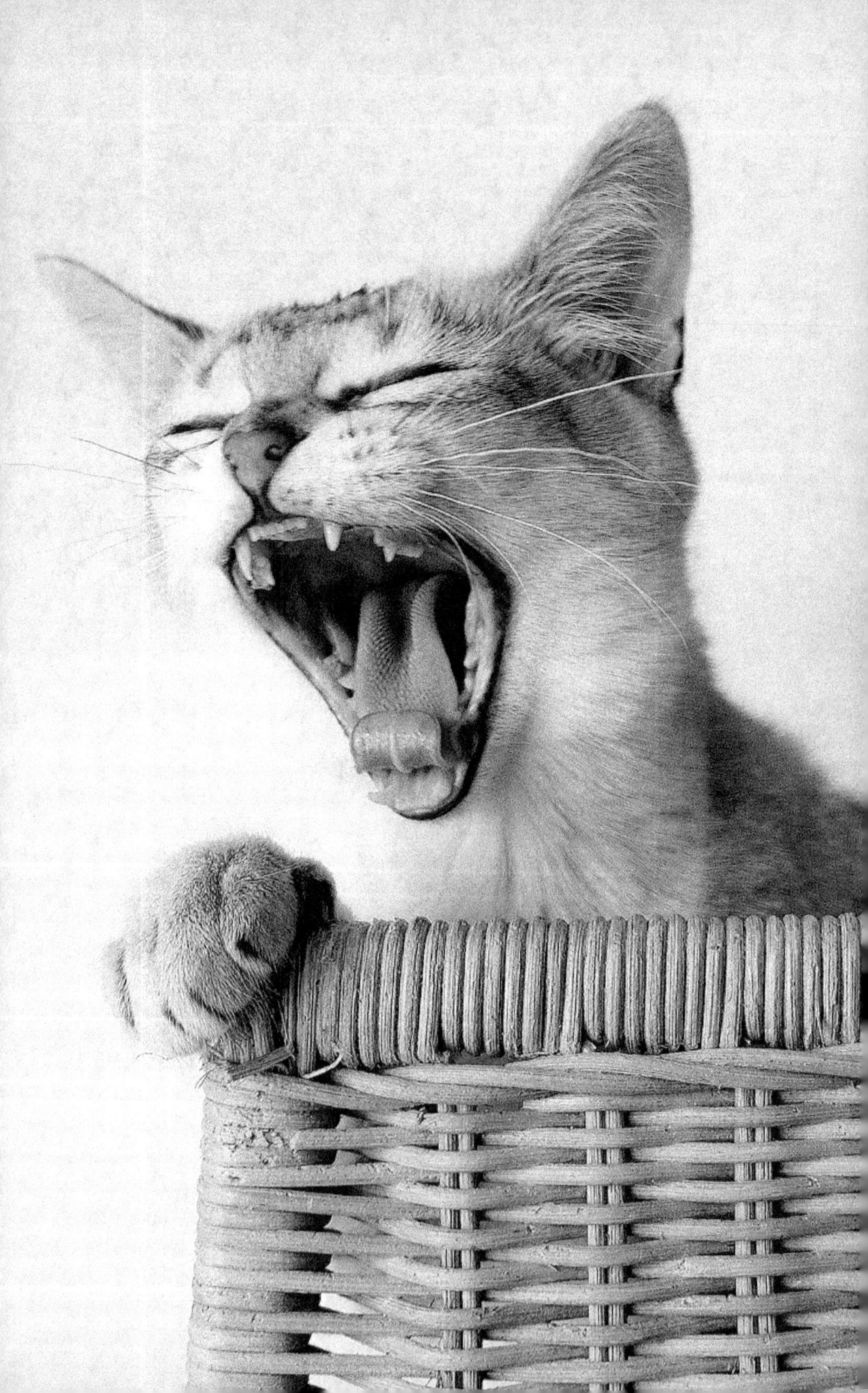

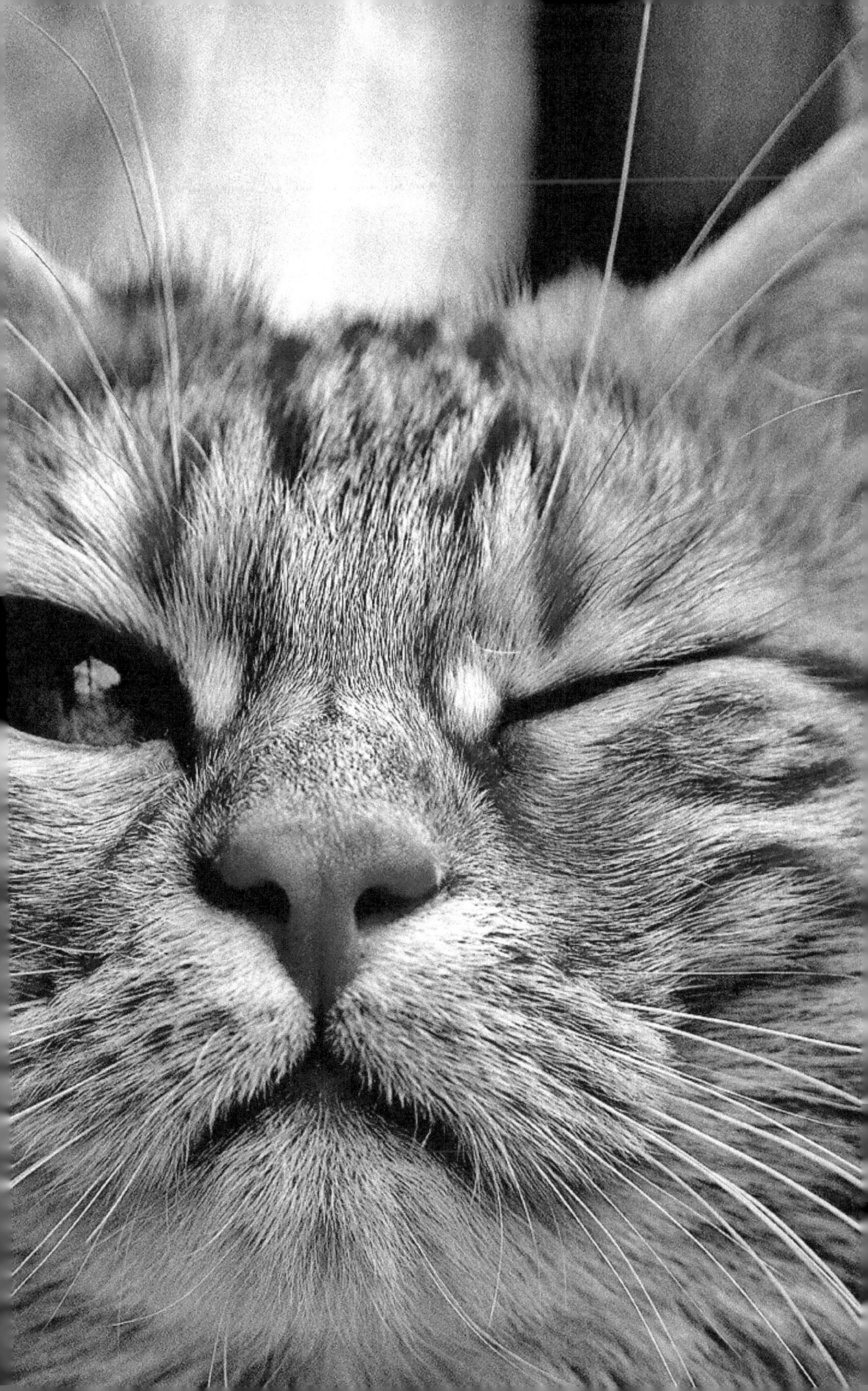

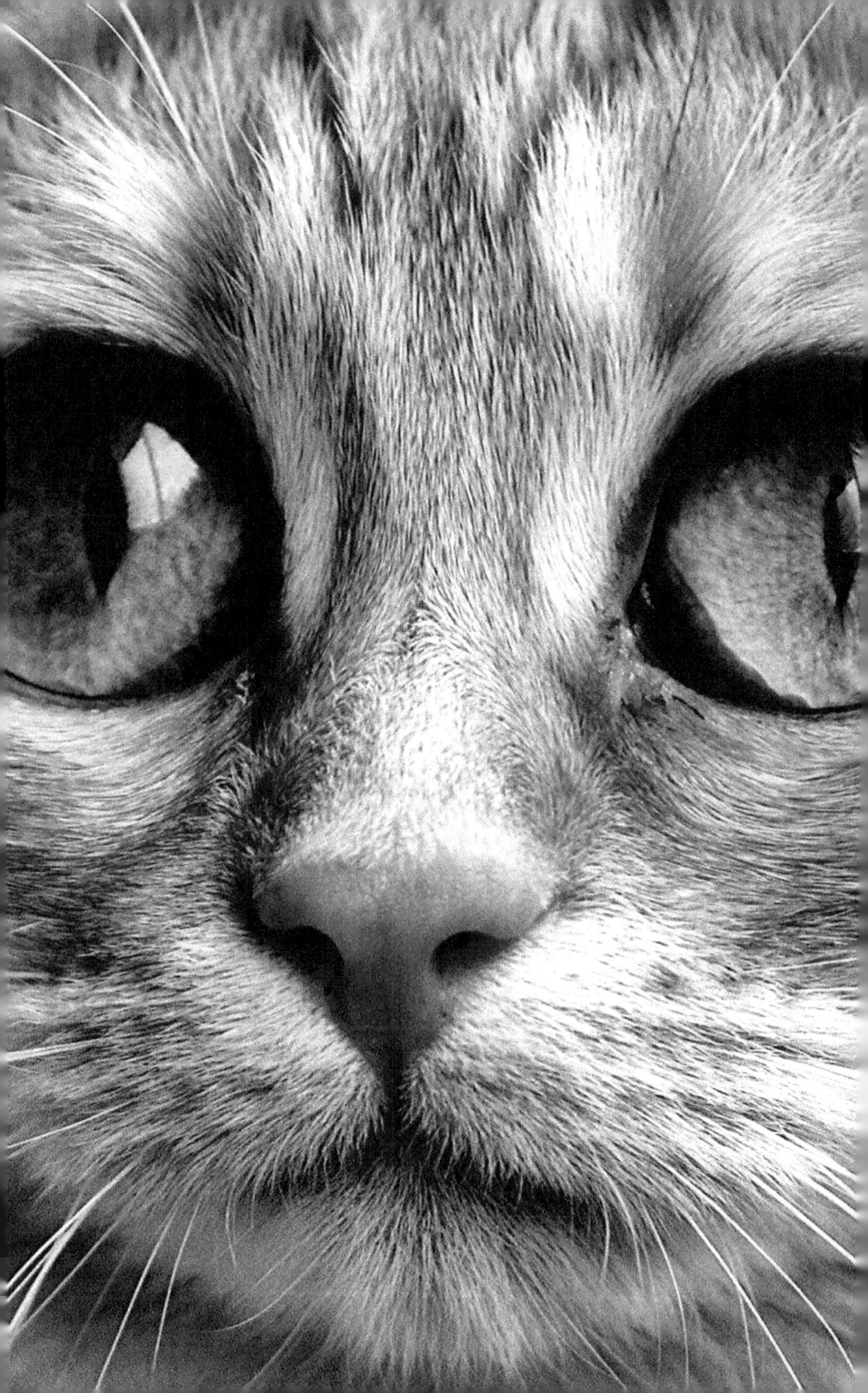

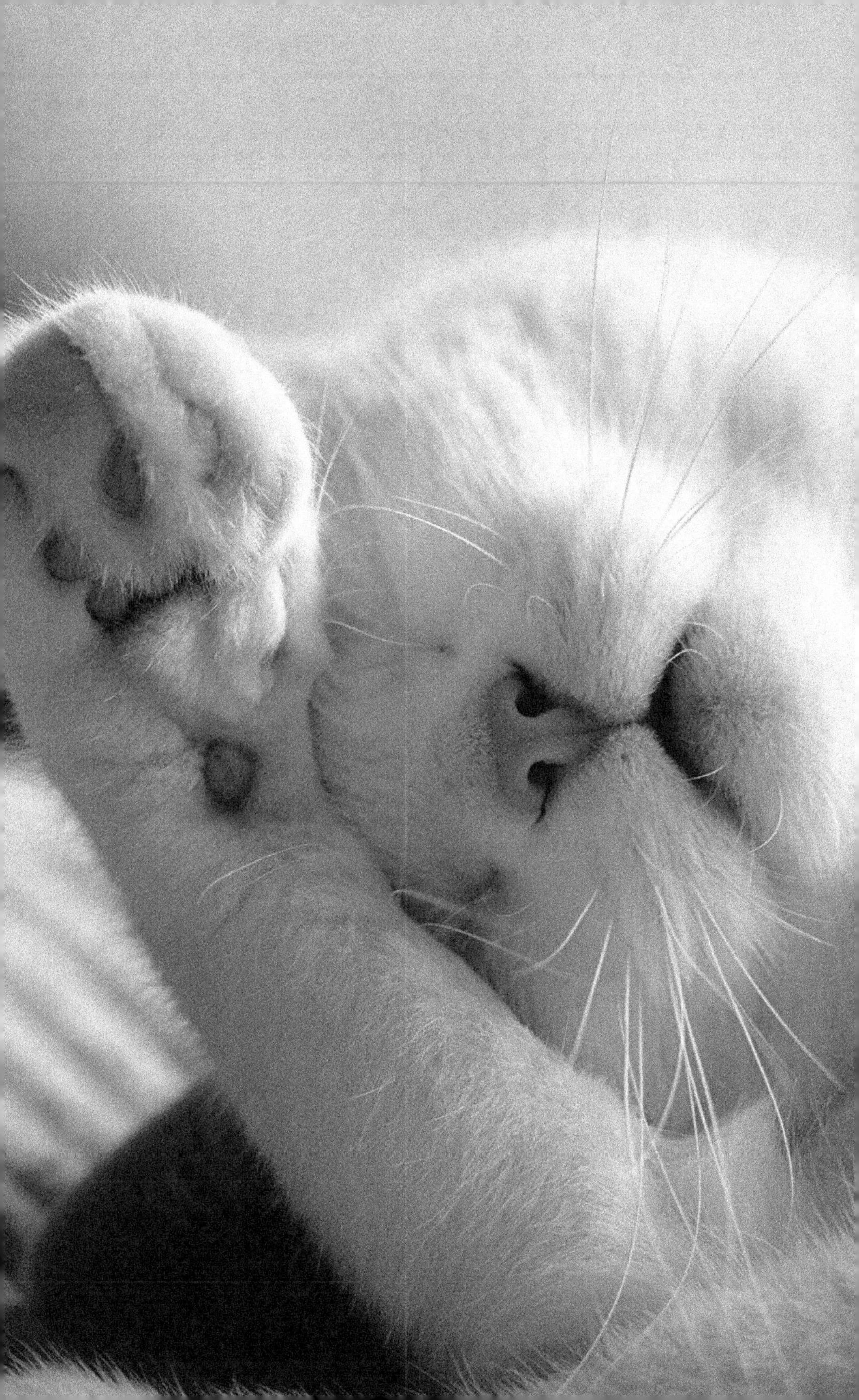

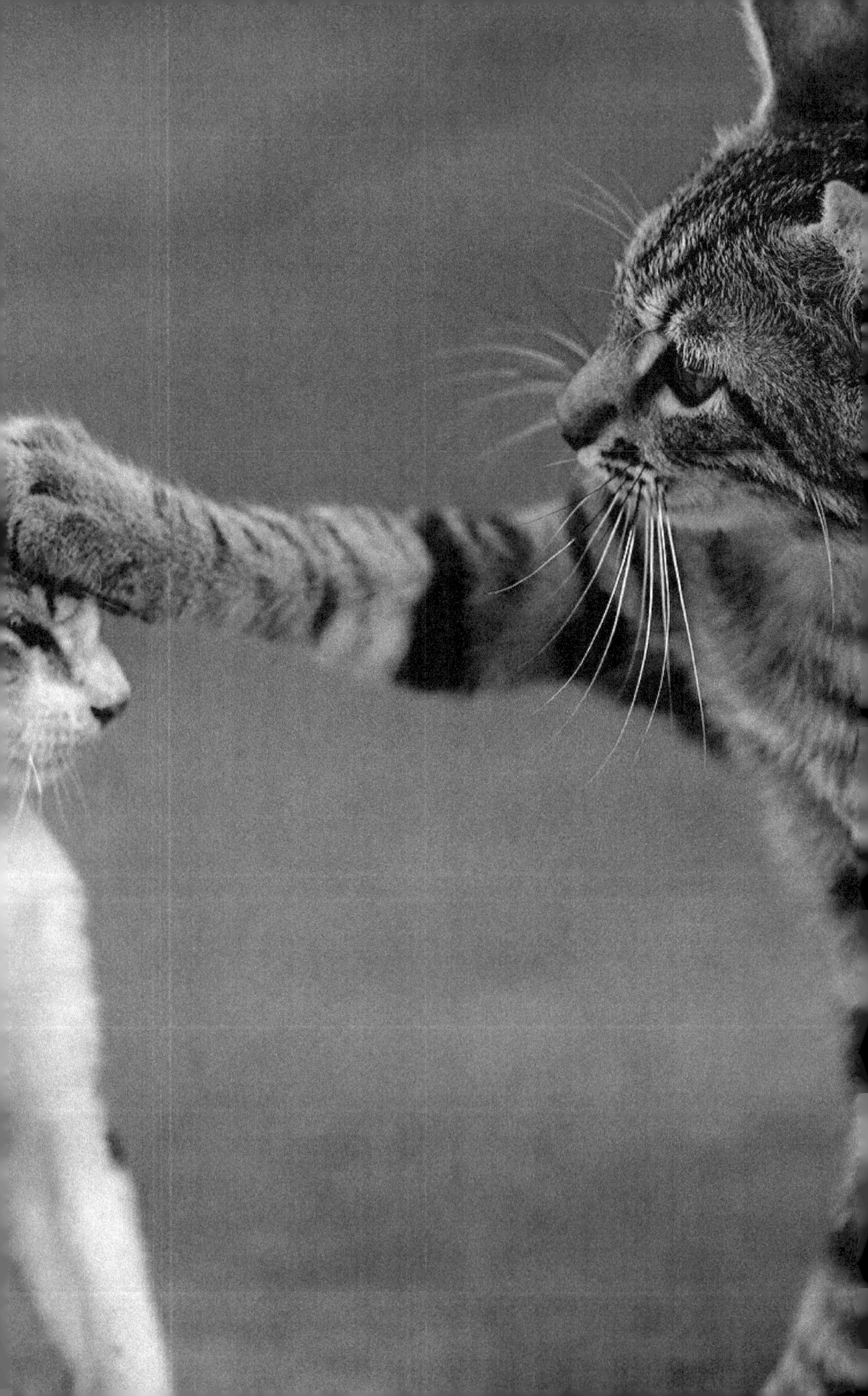

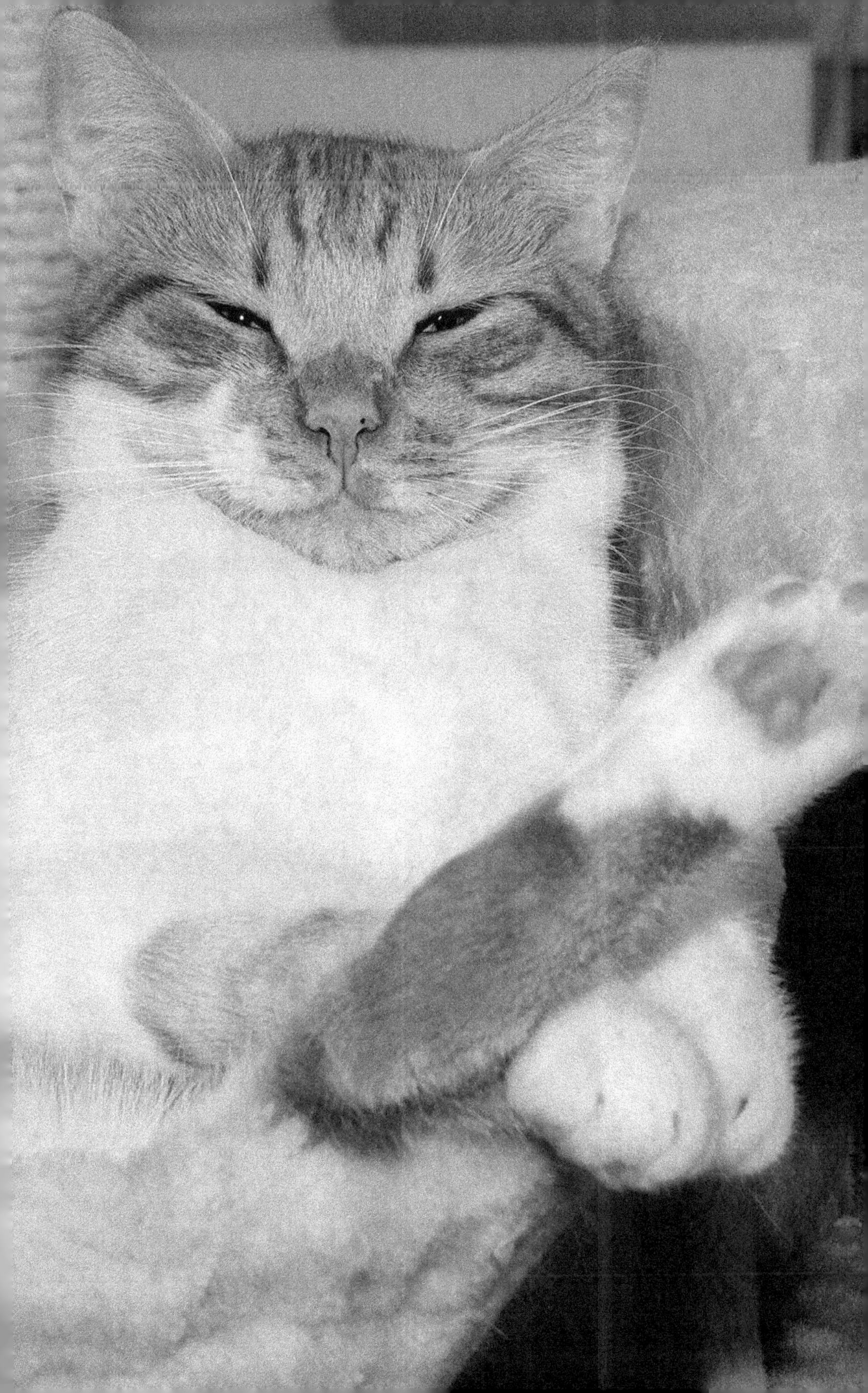

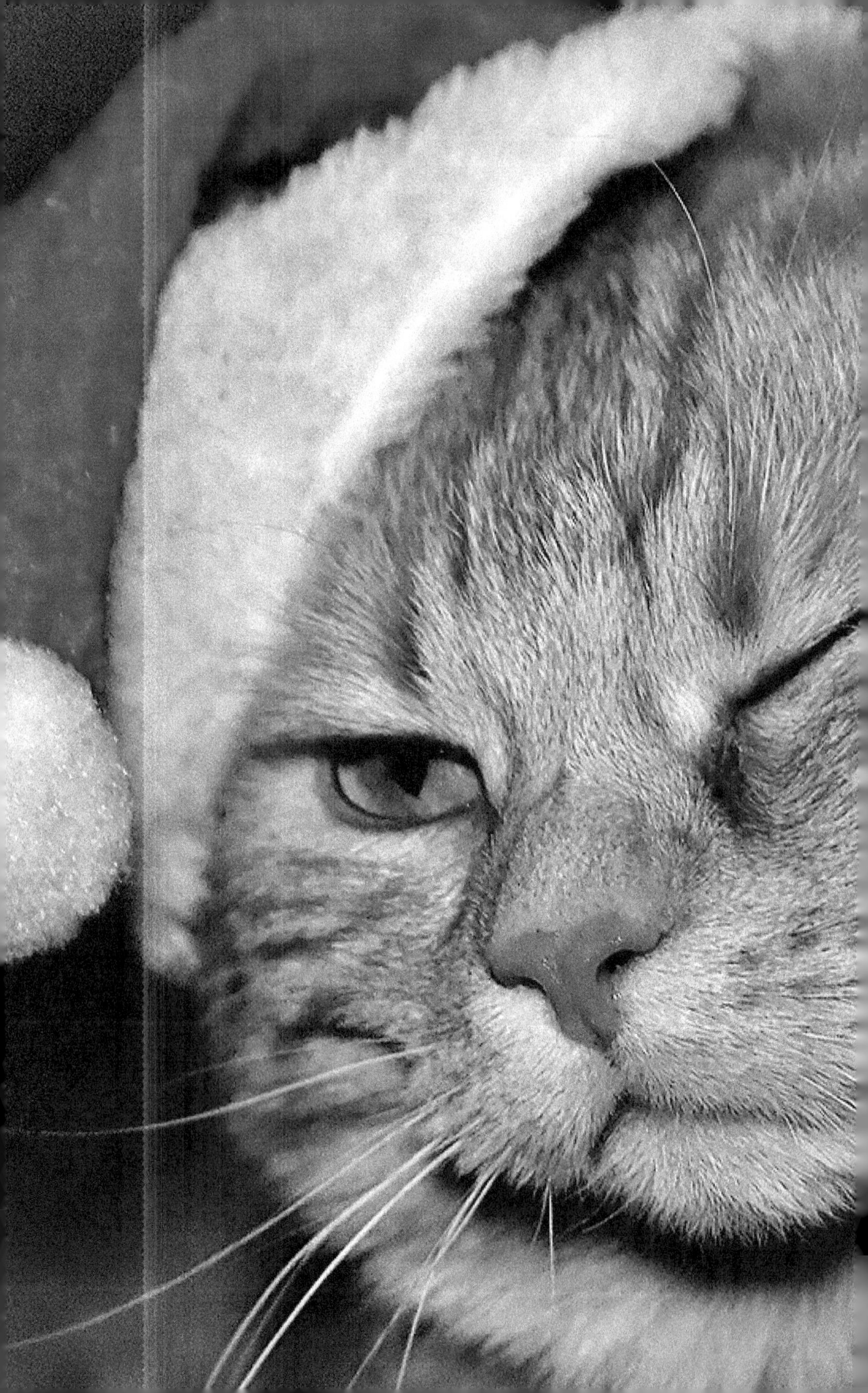

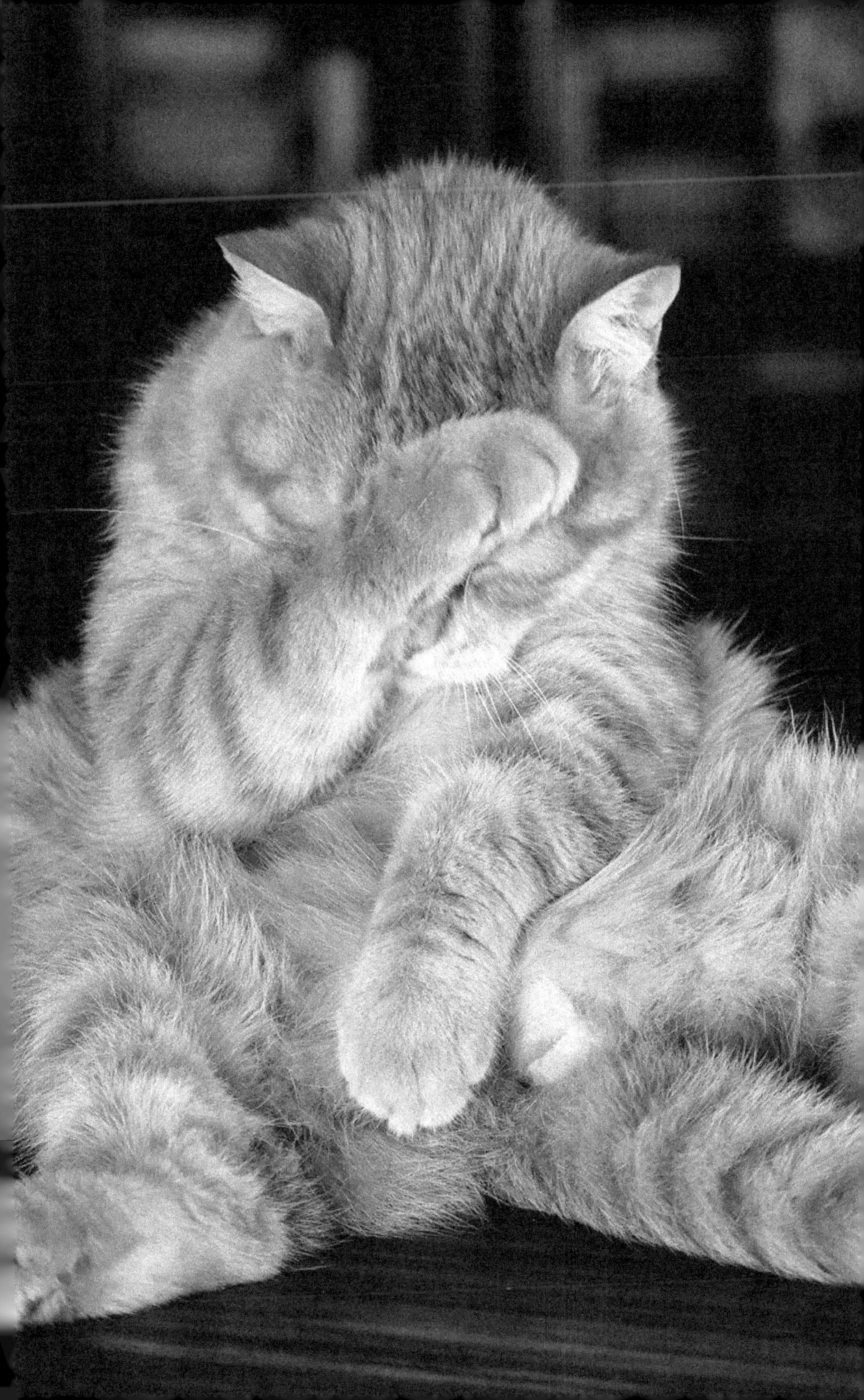

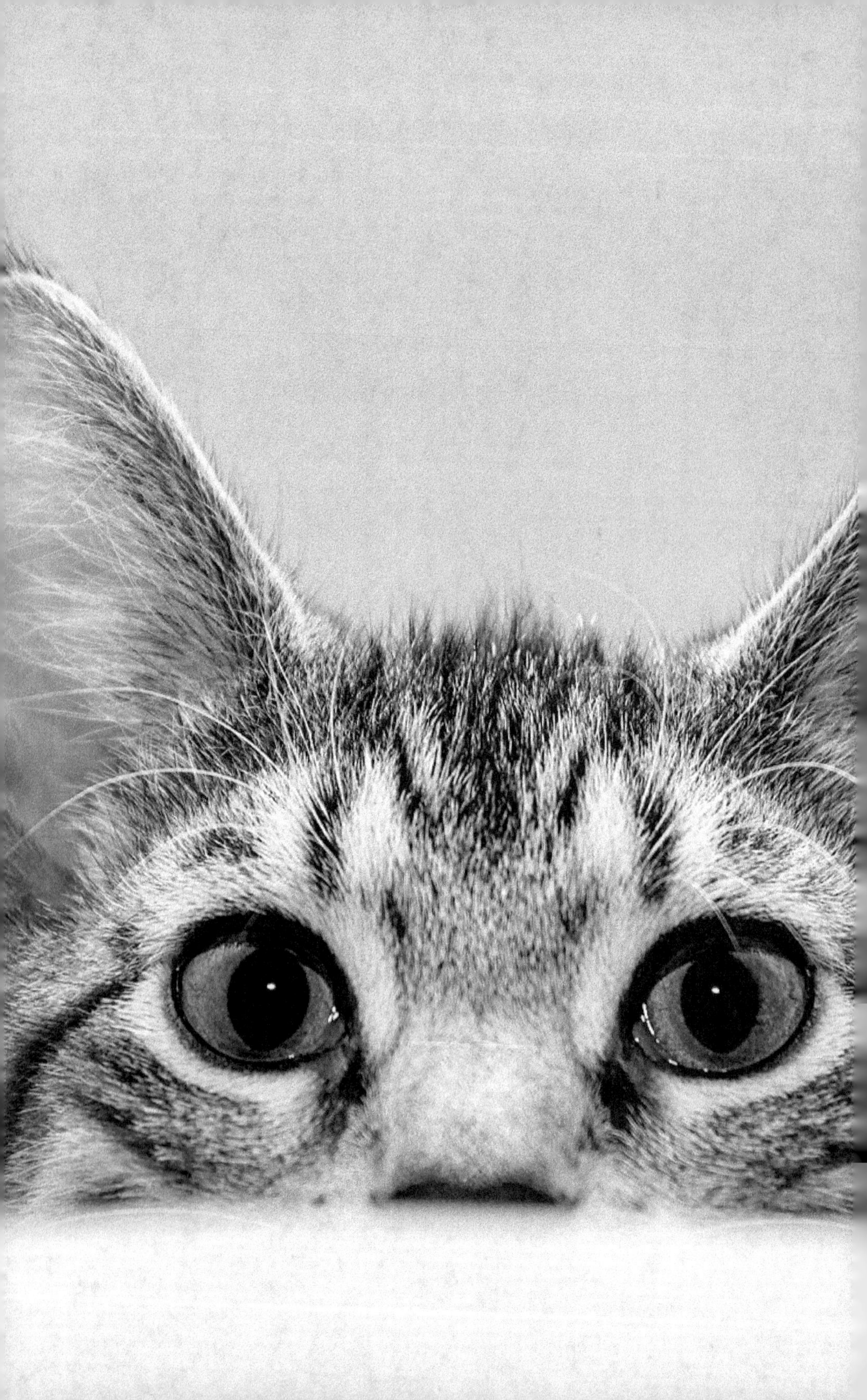

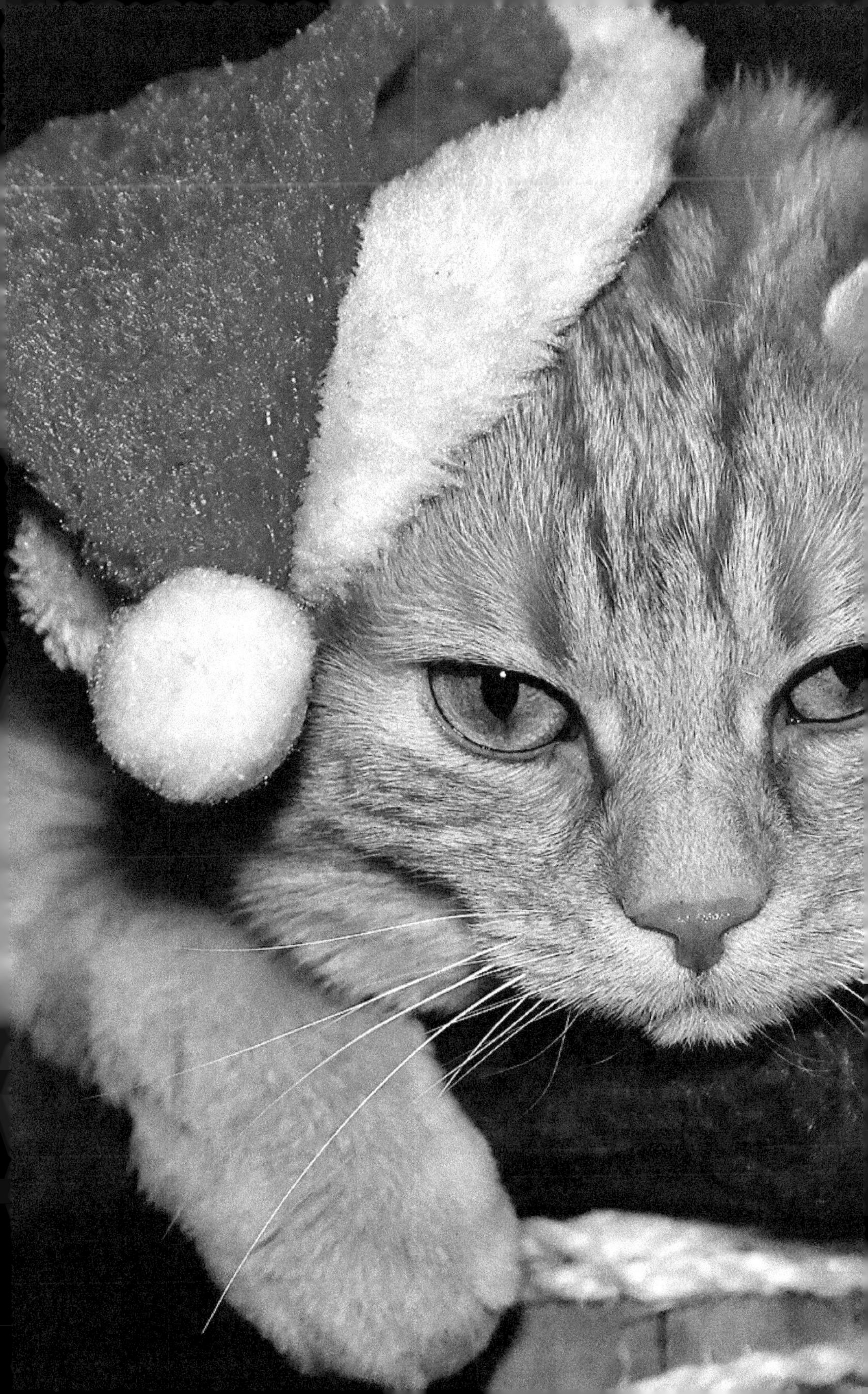

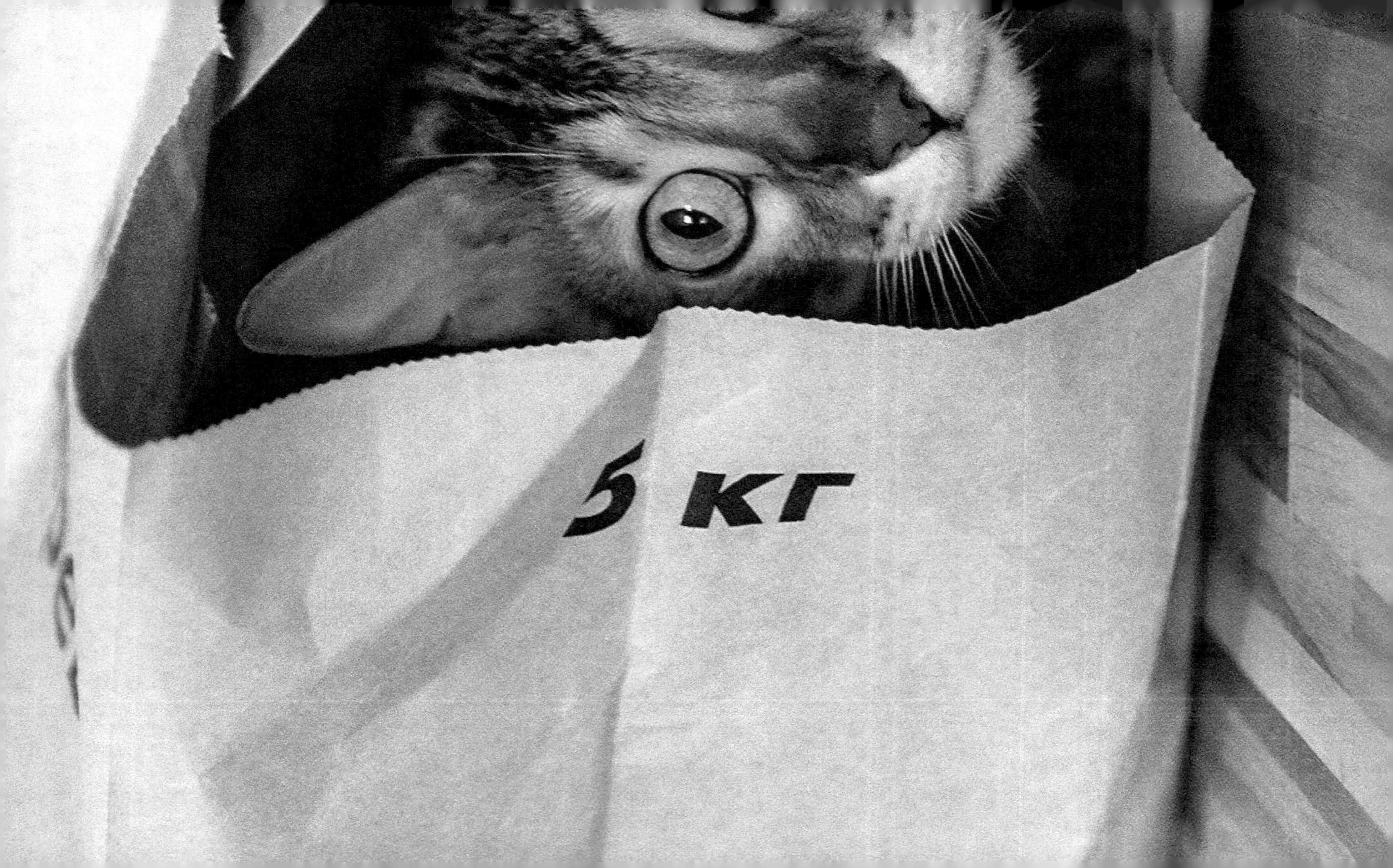
5 КГ

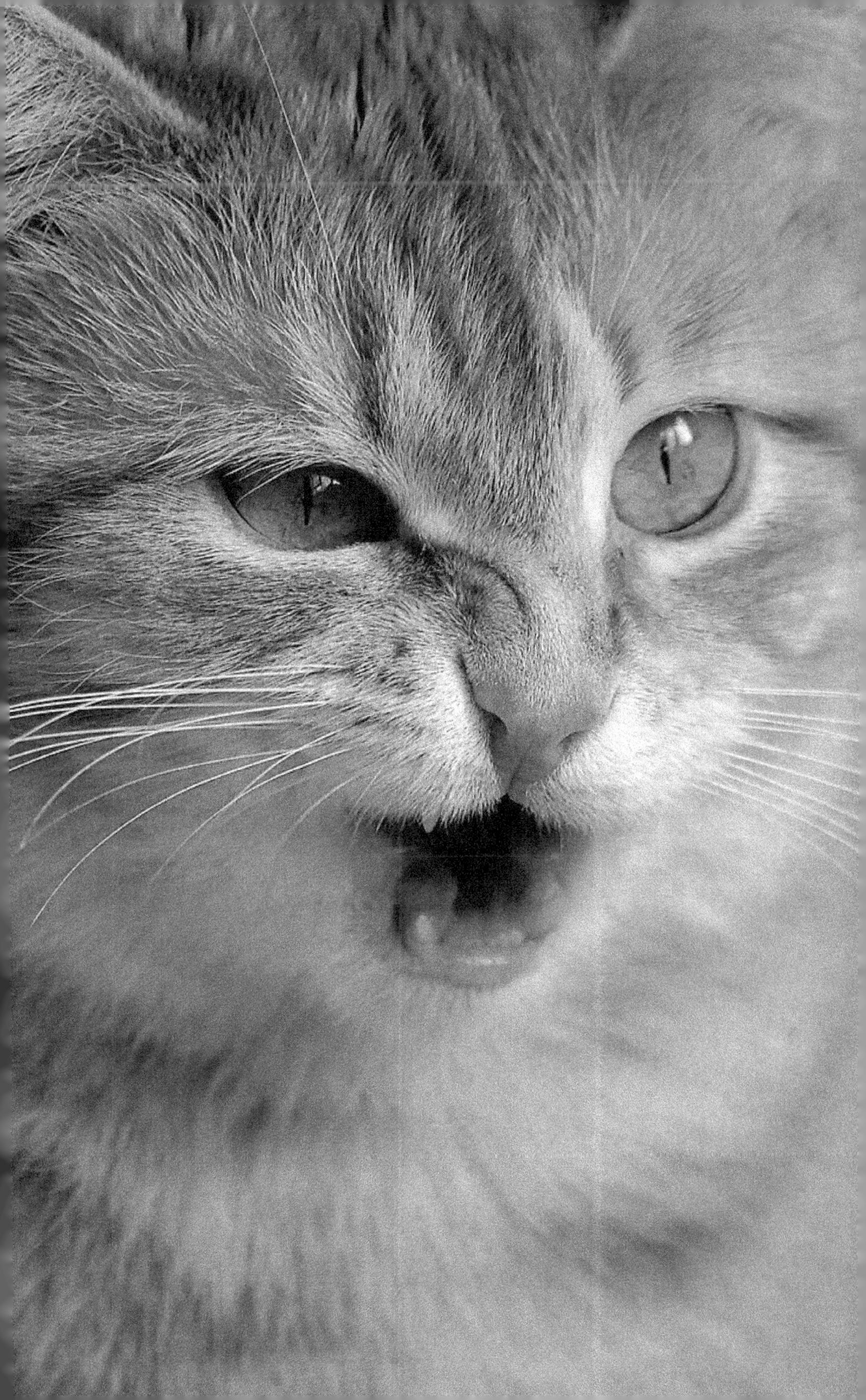

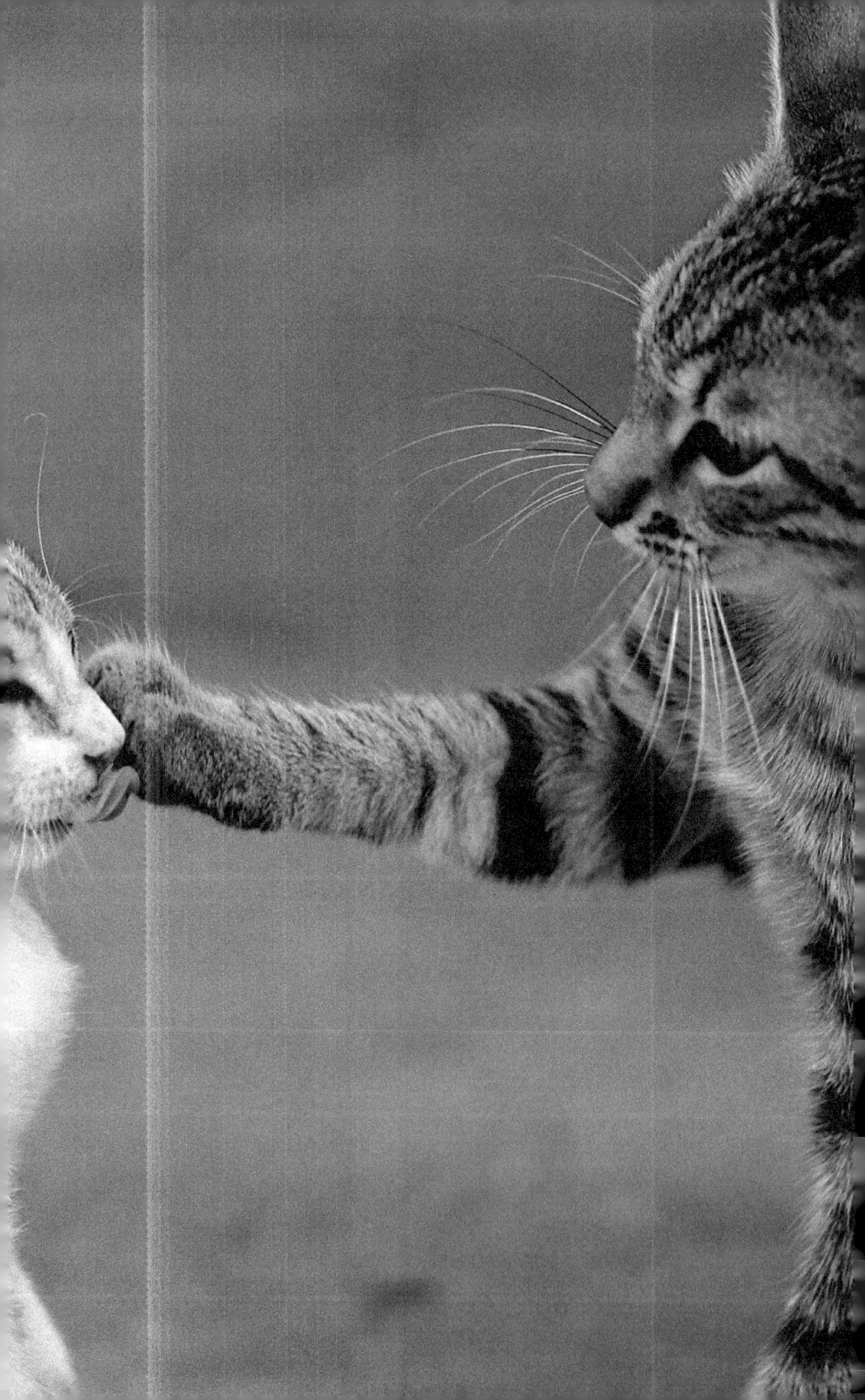

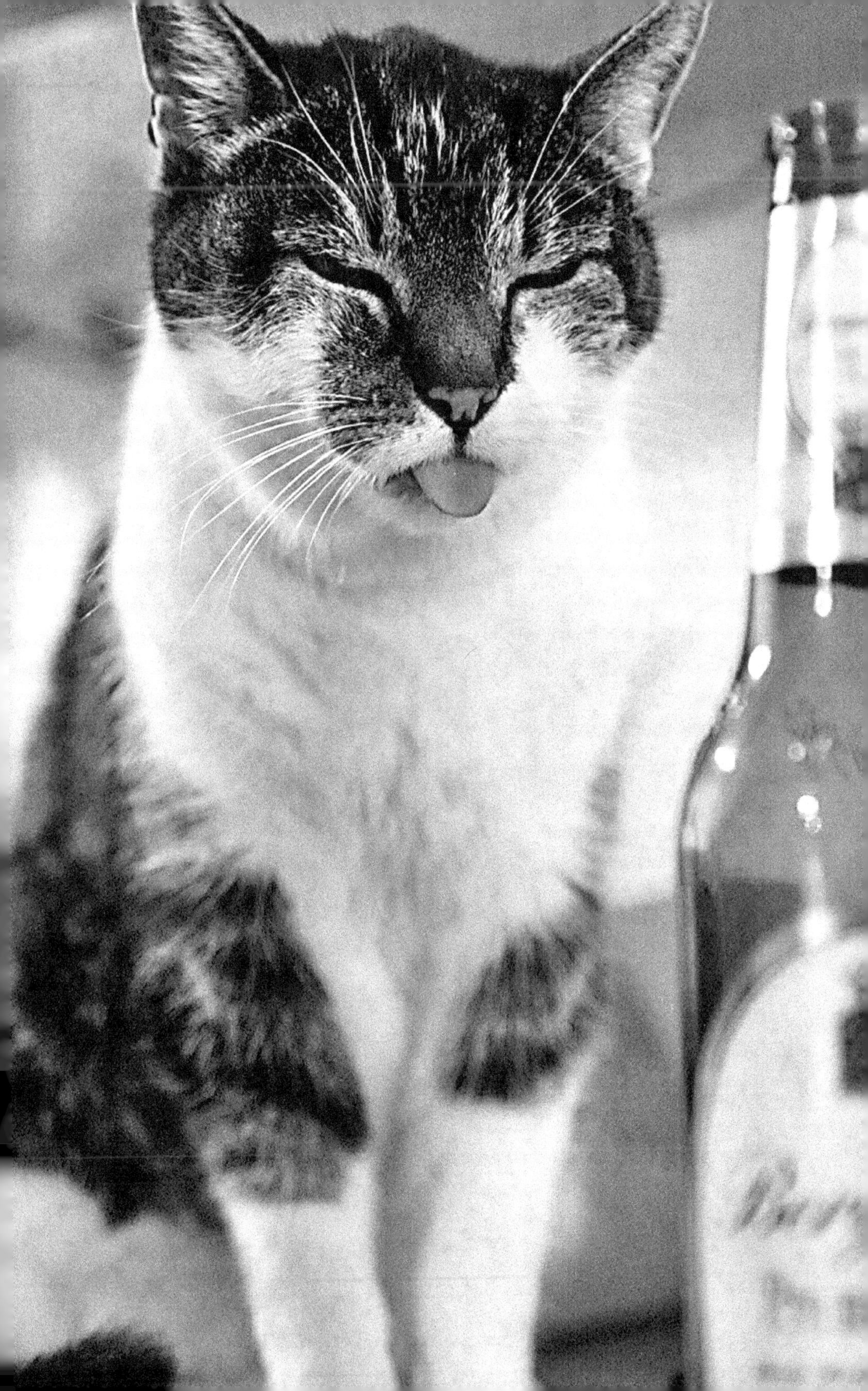

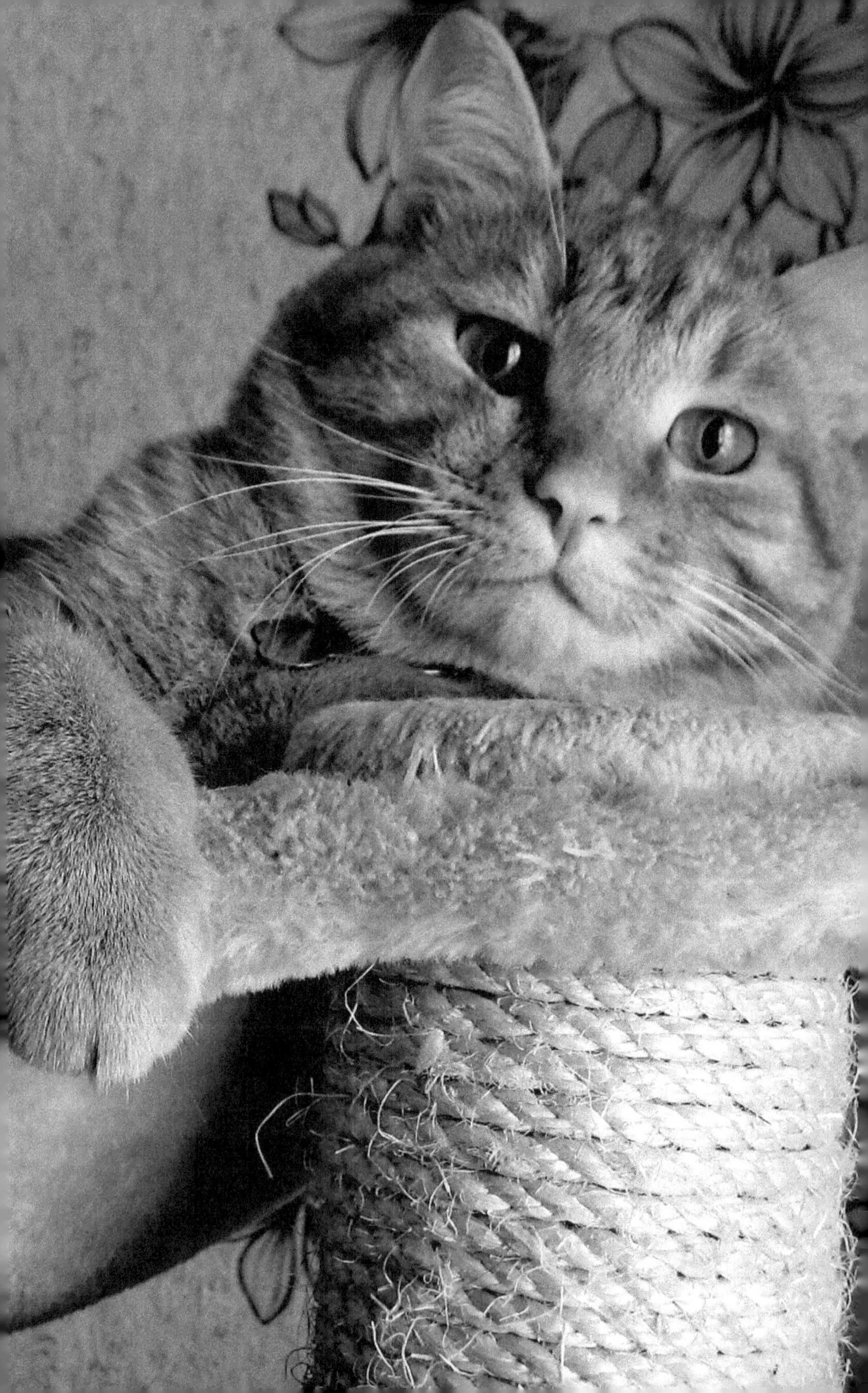

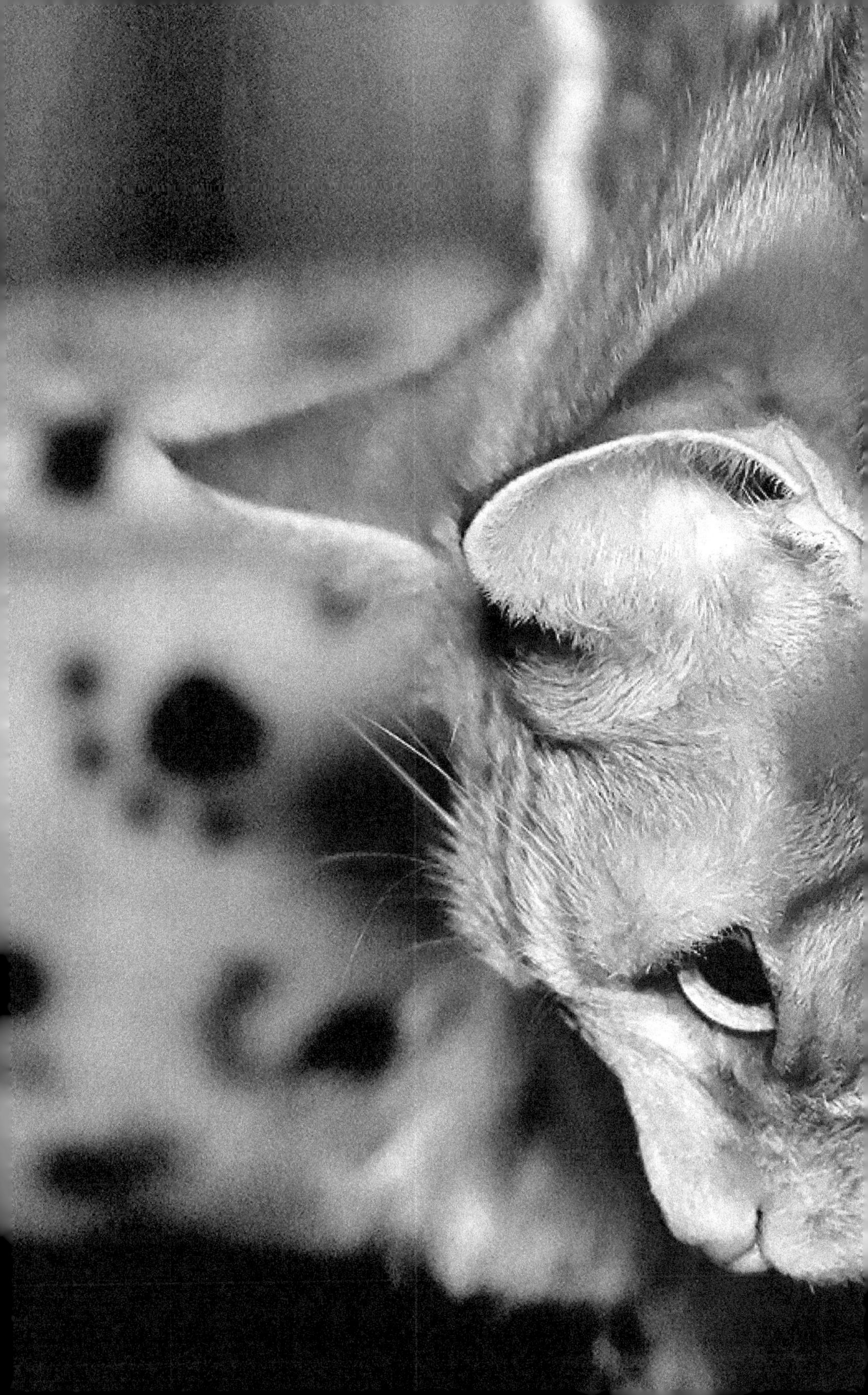

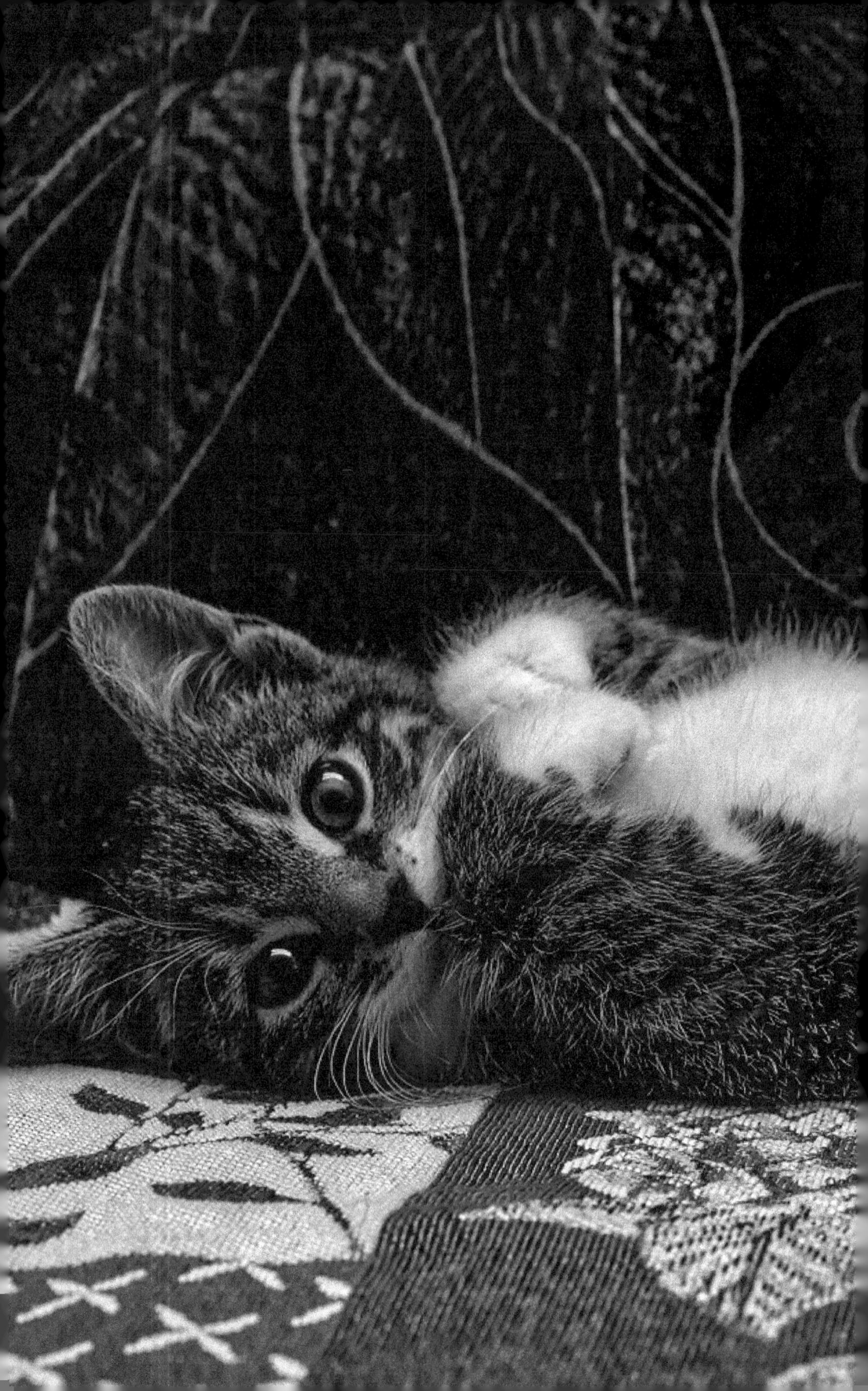

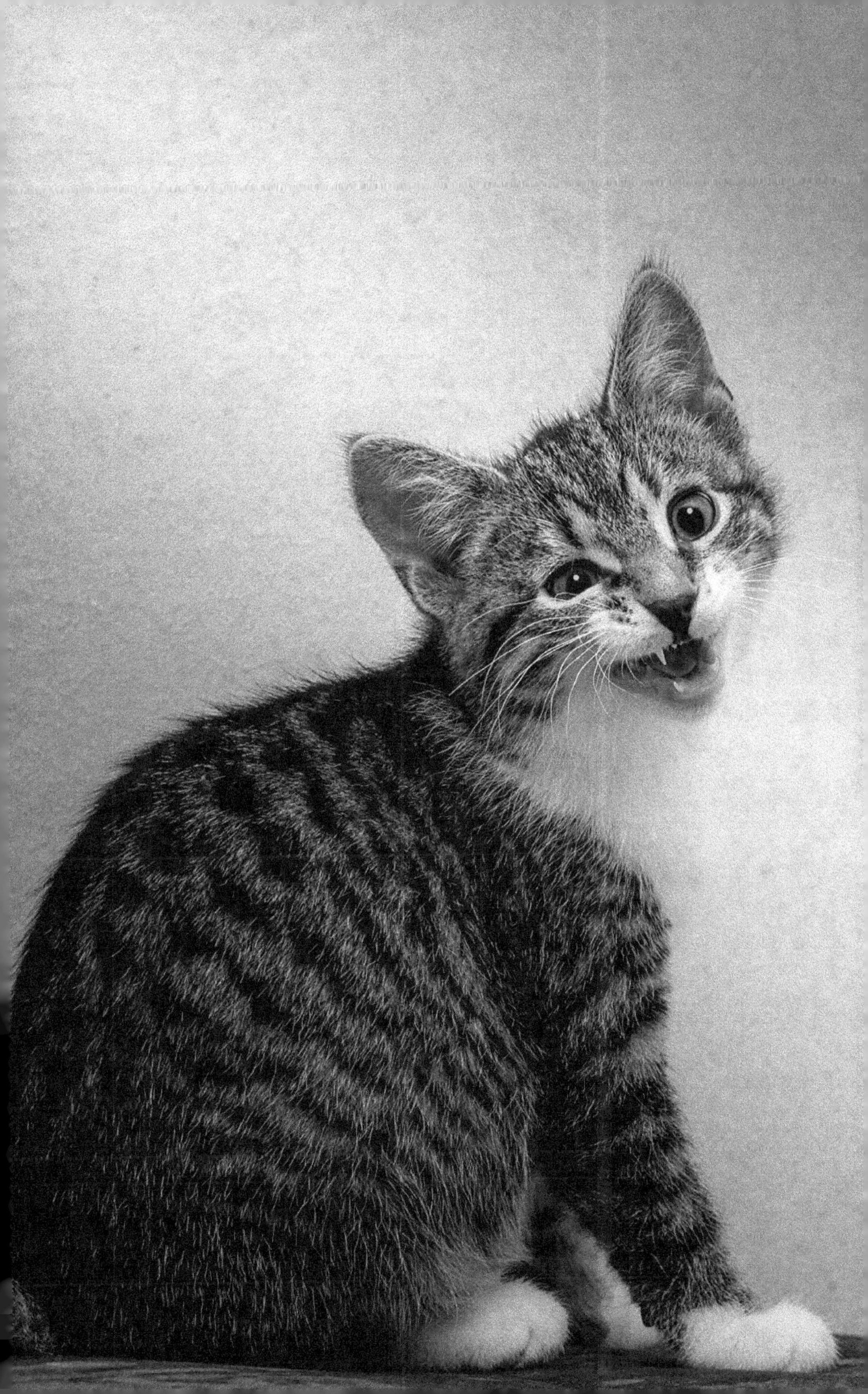

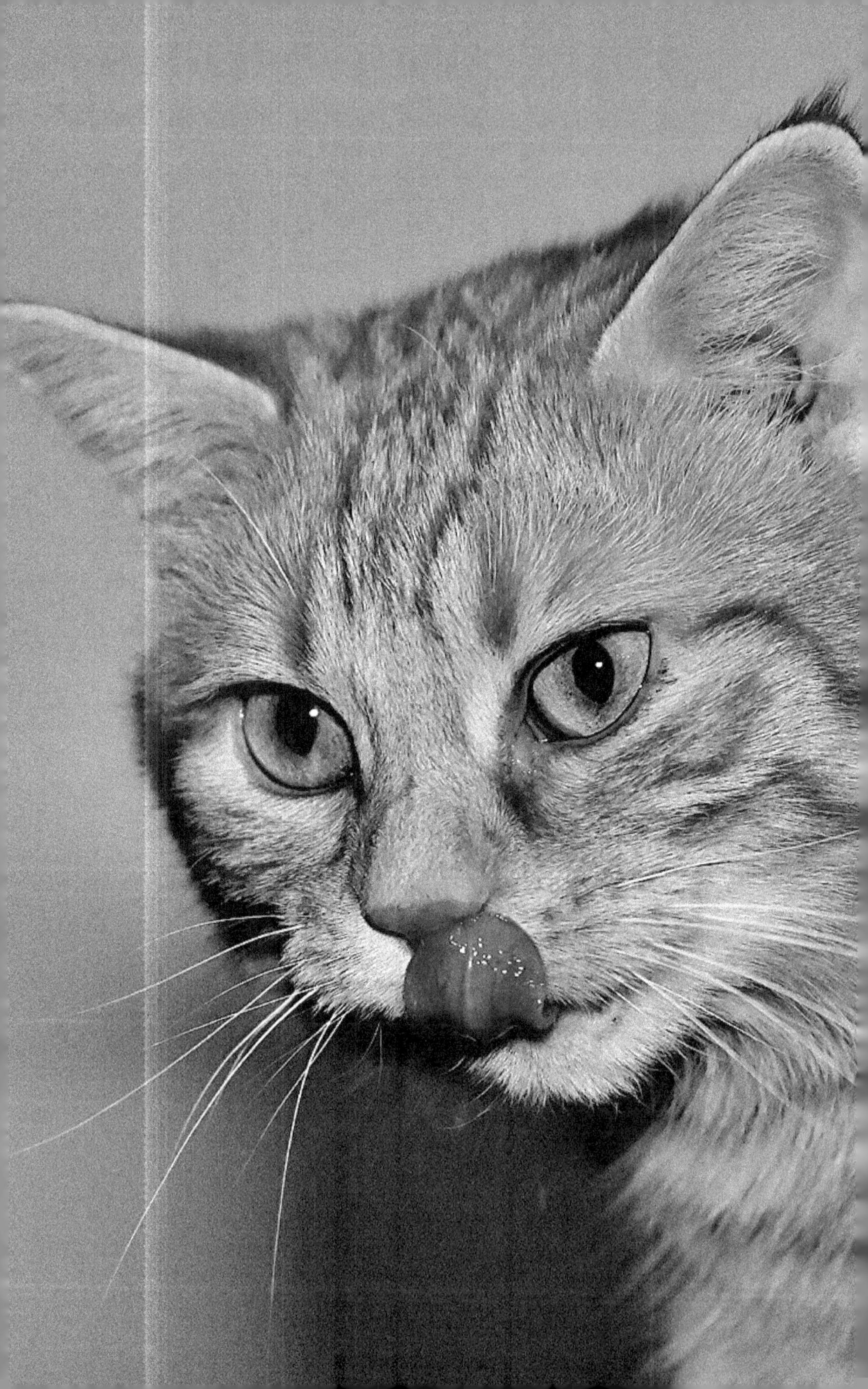

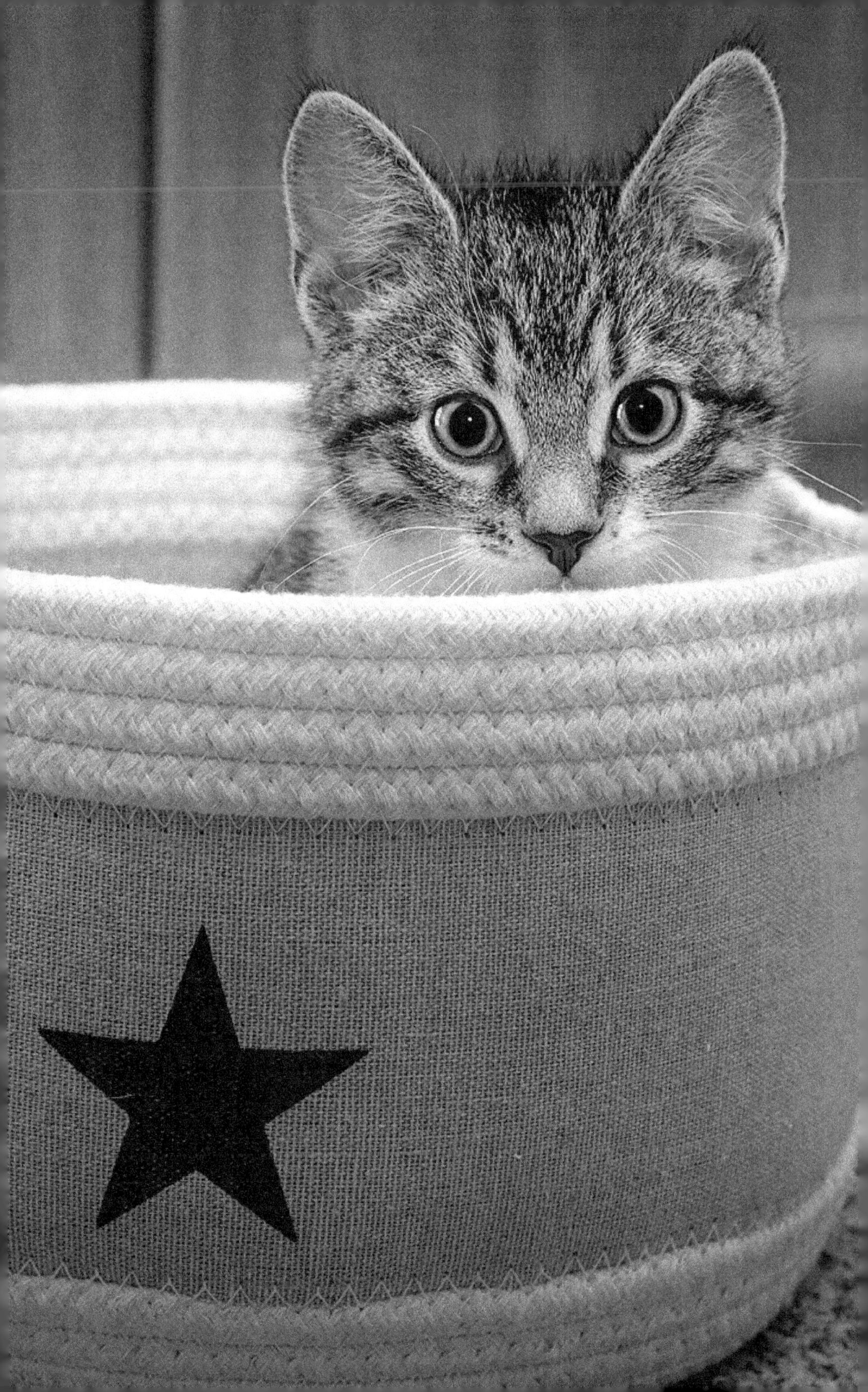

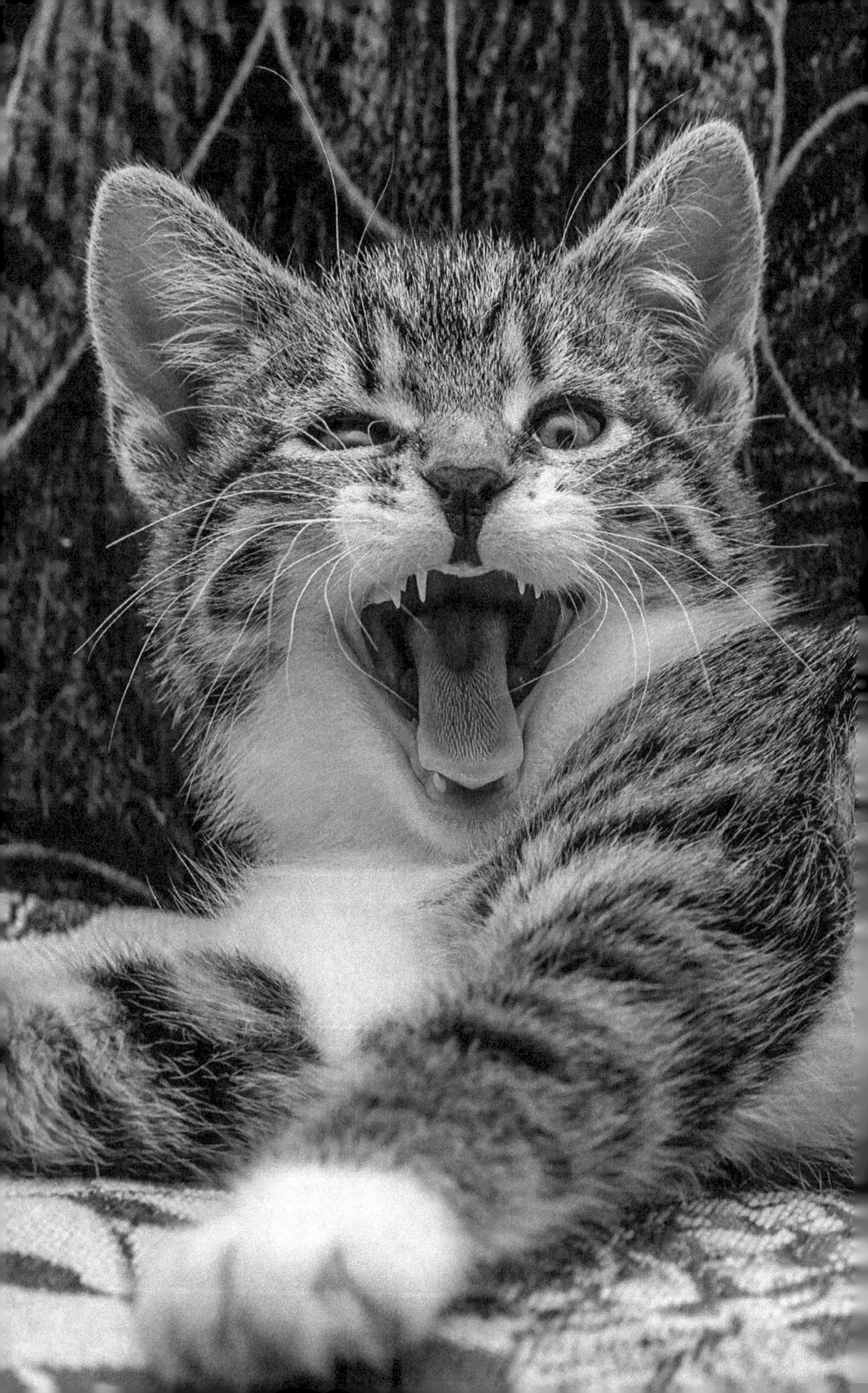

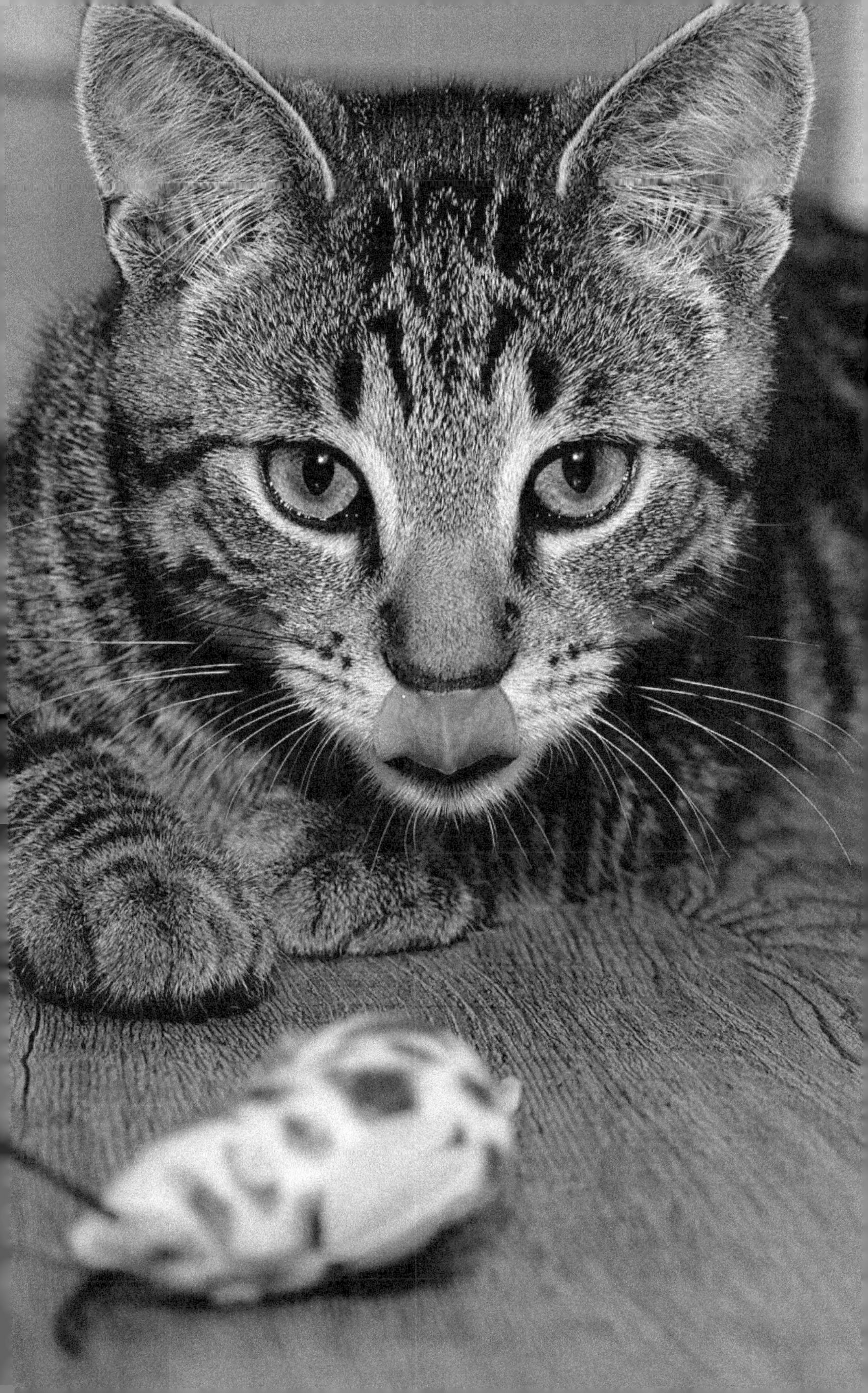

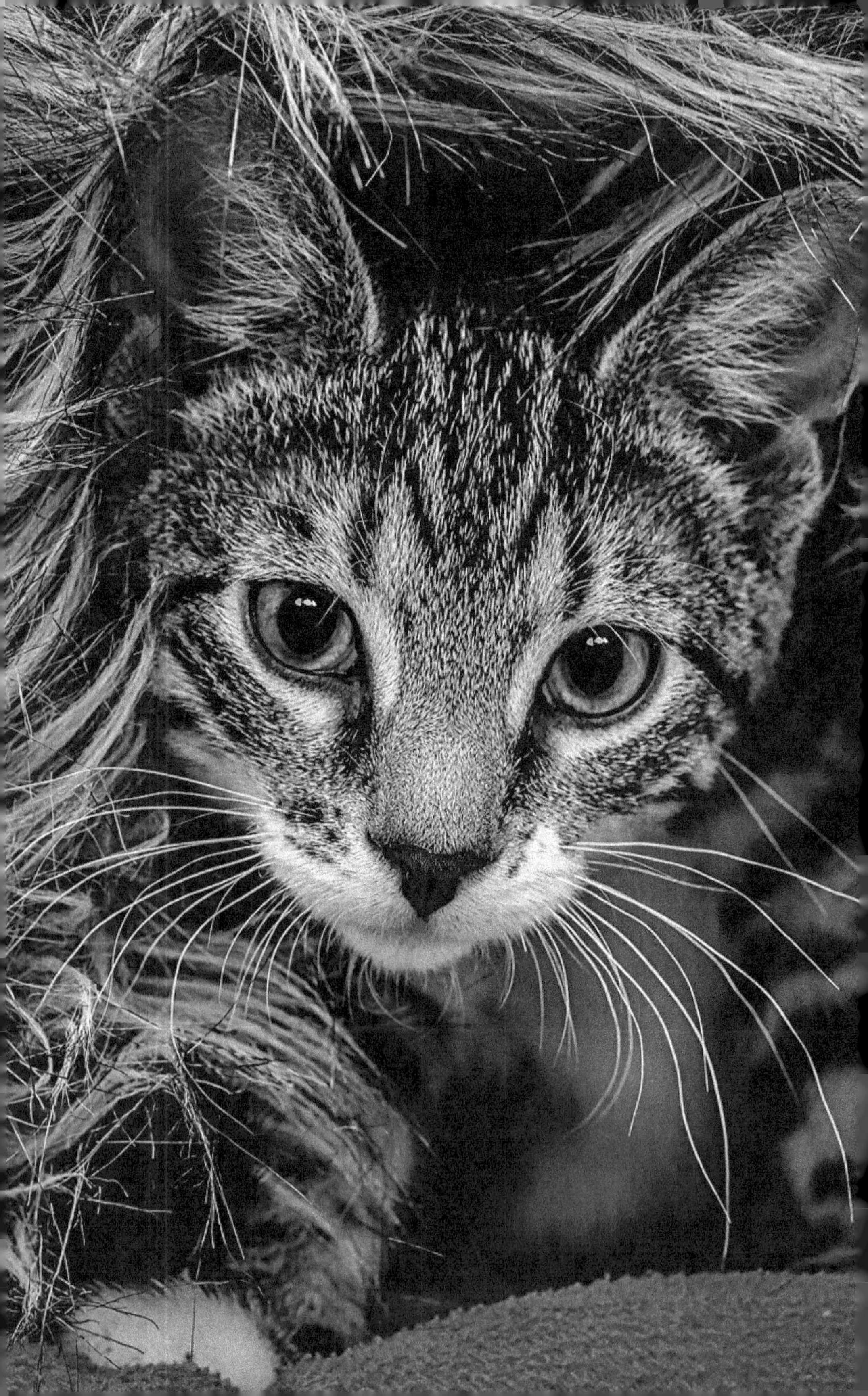

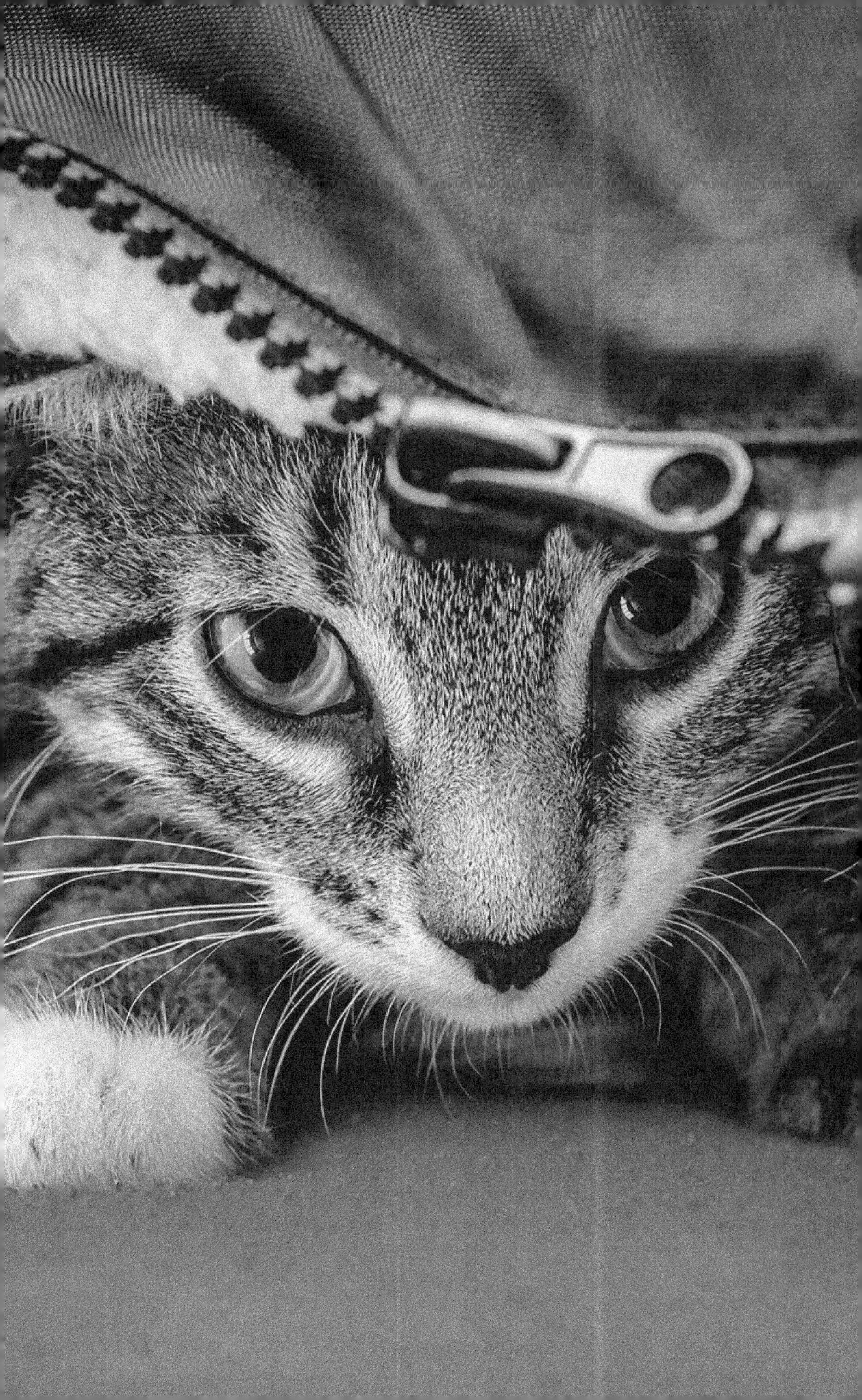

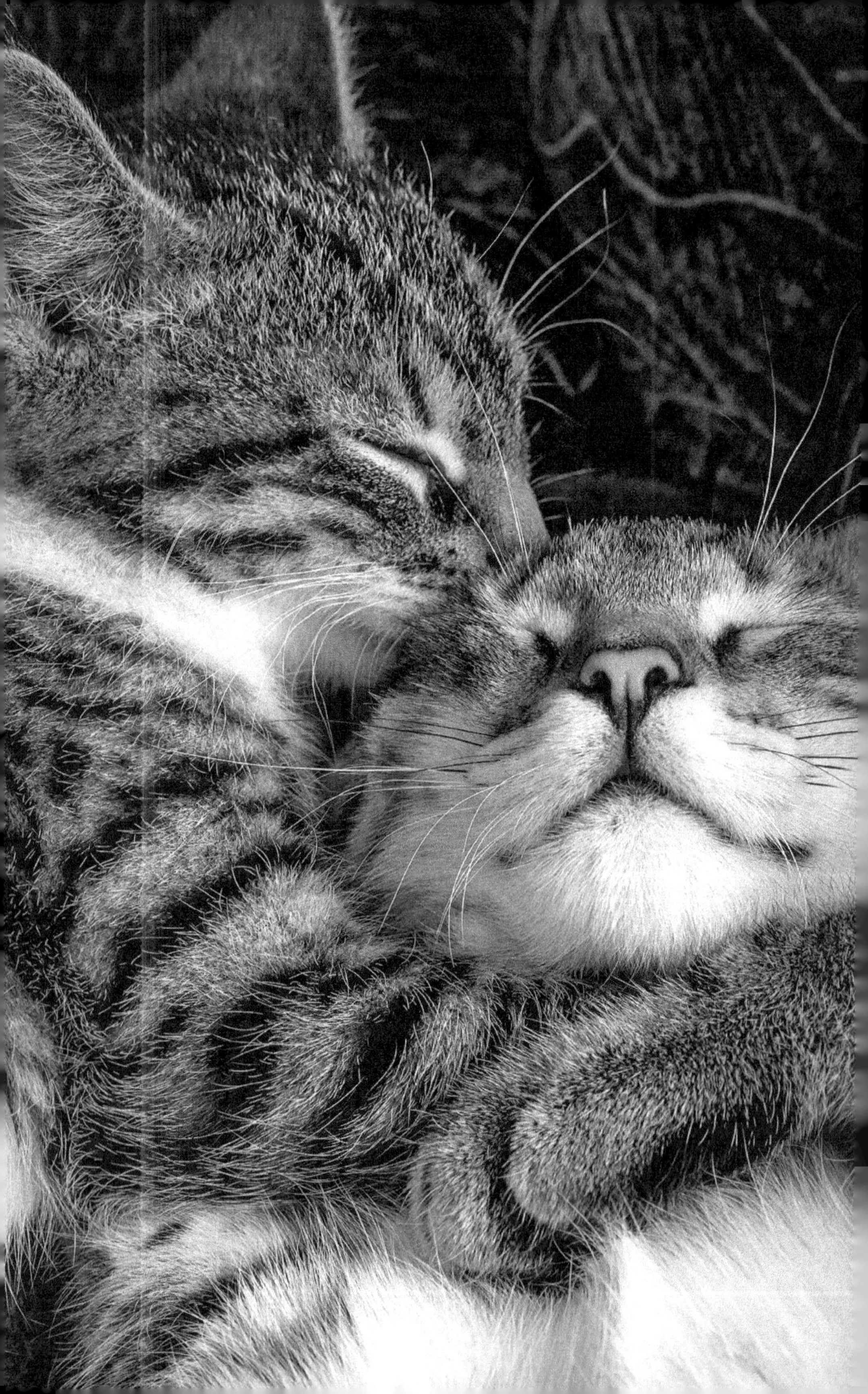

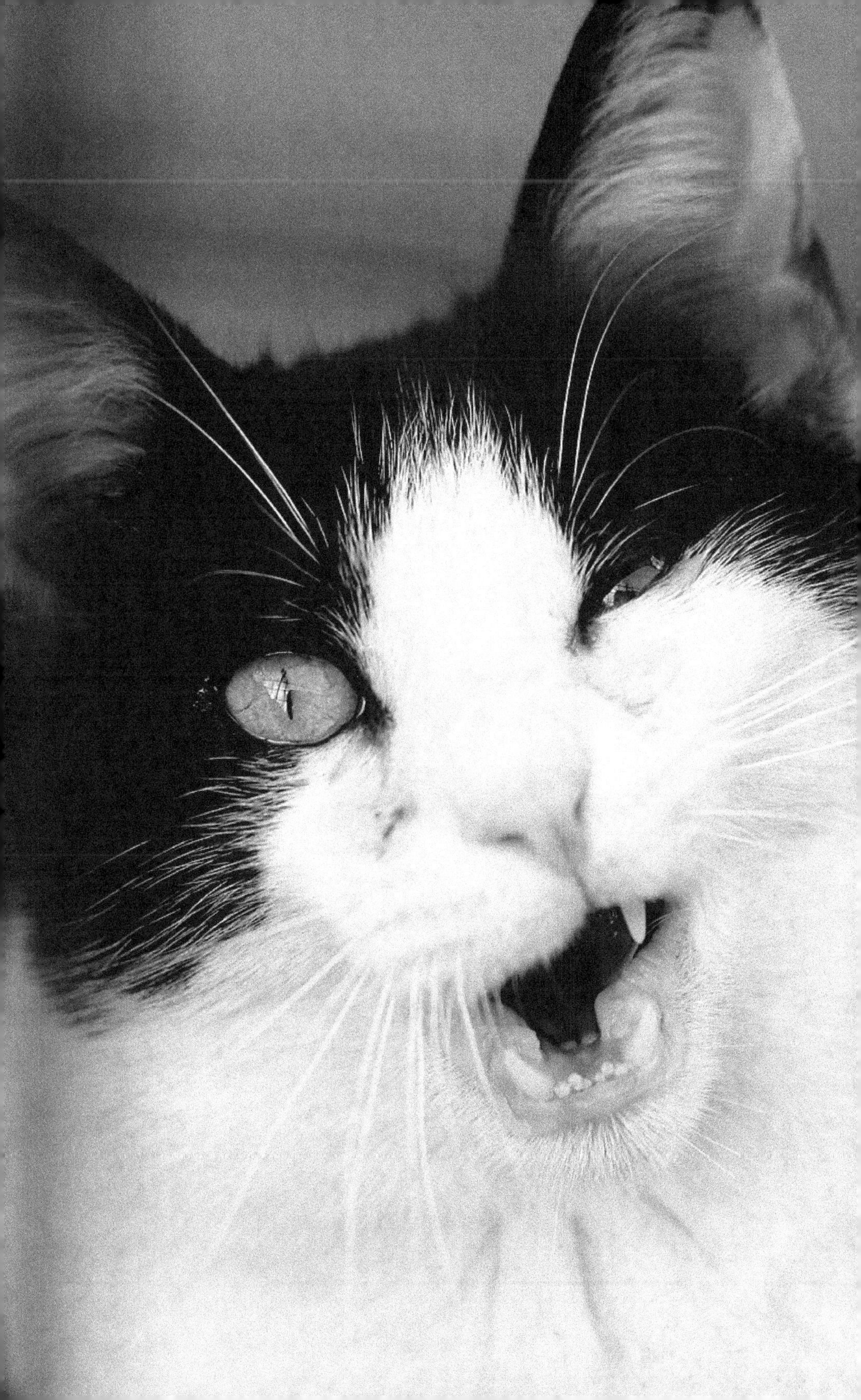

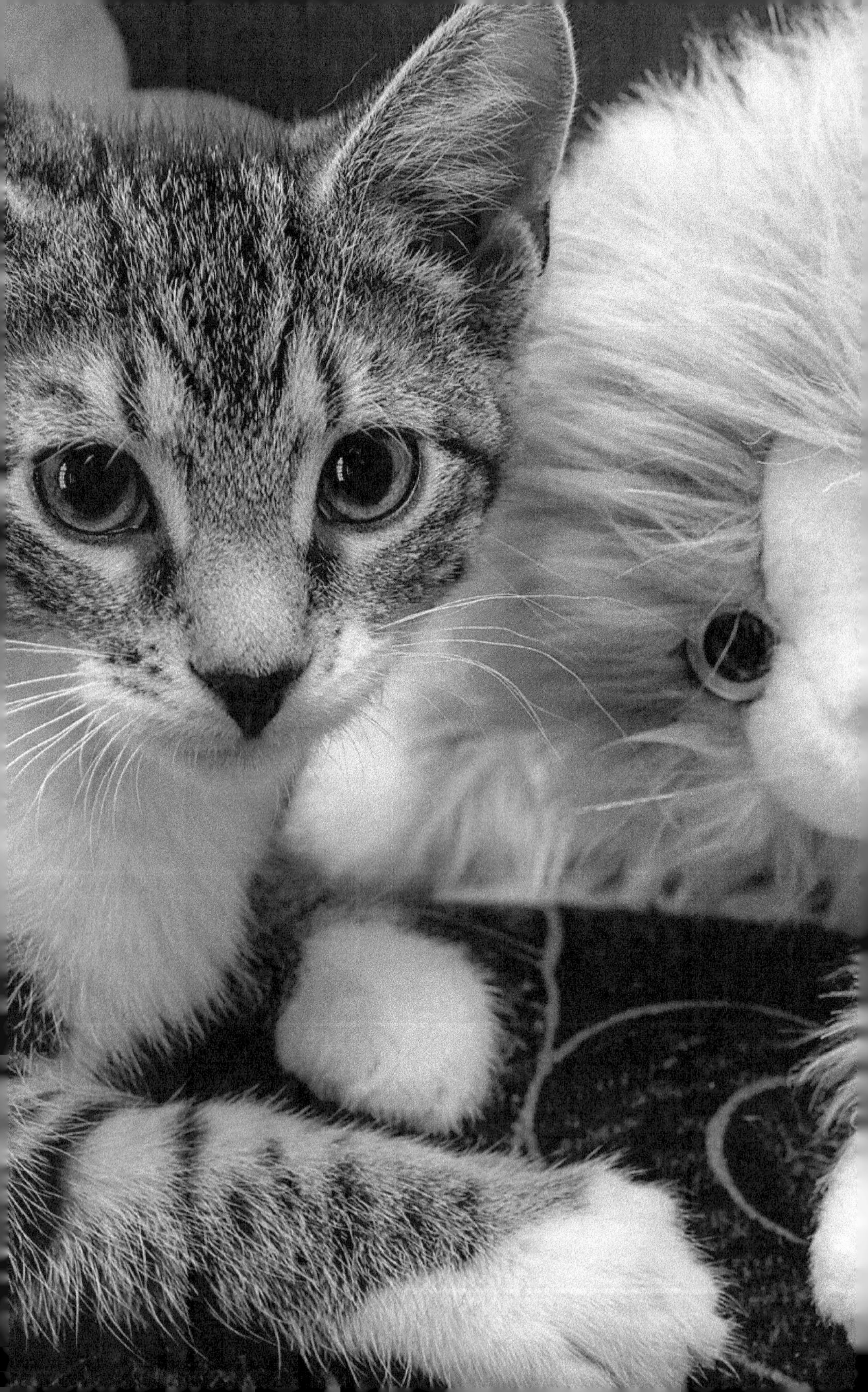

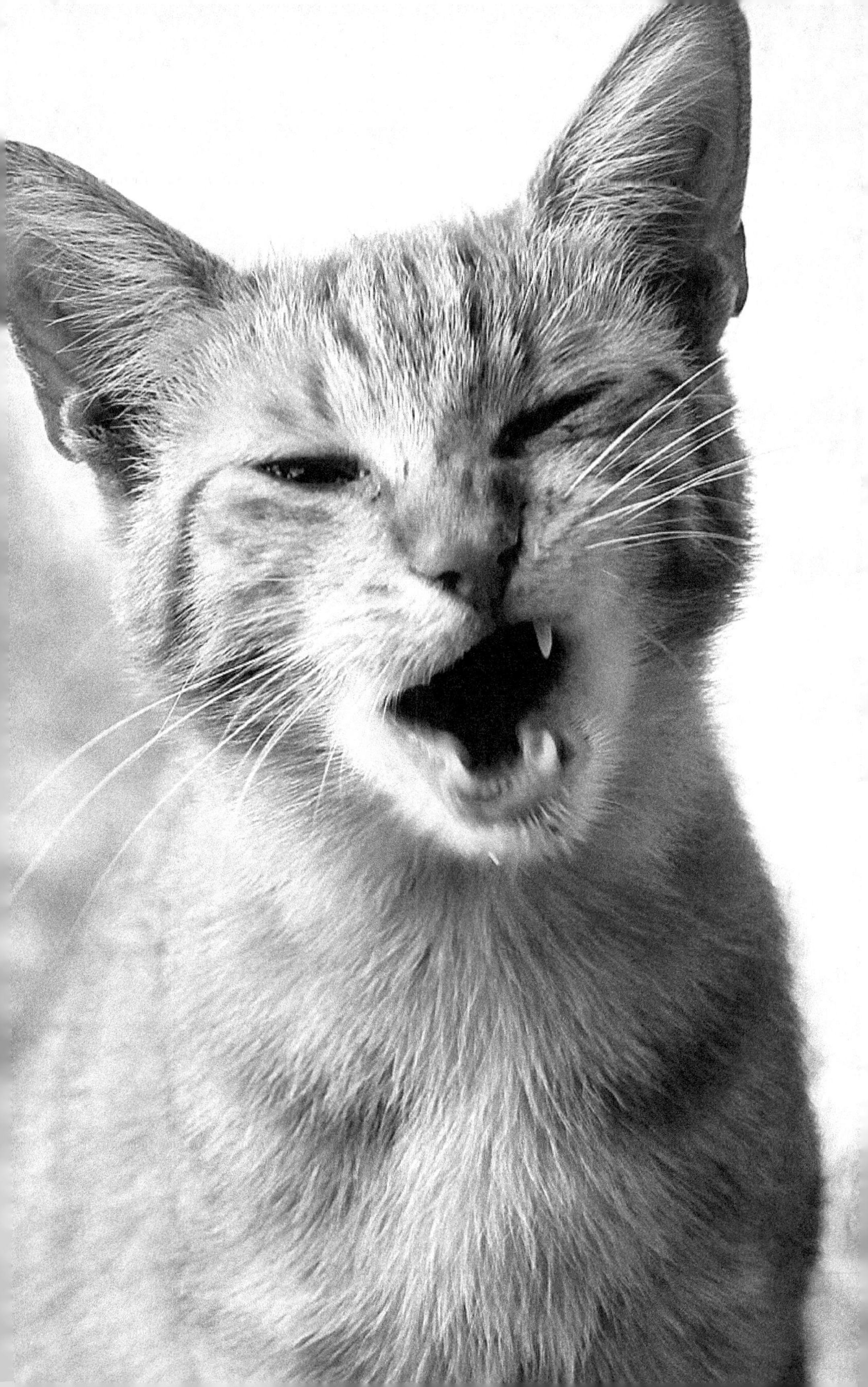

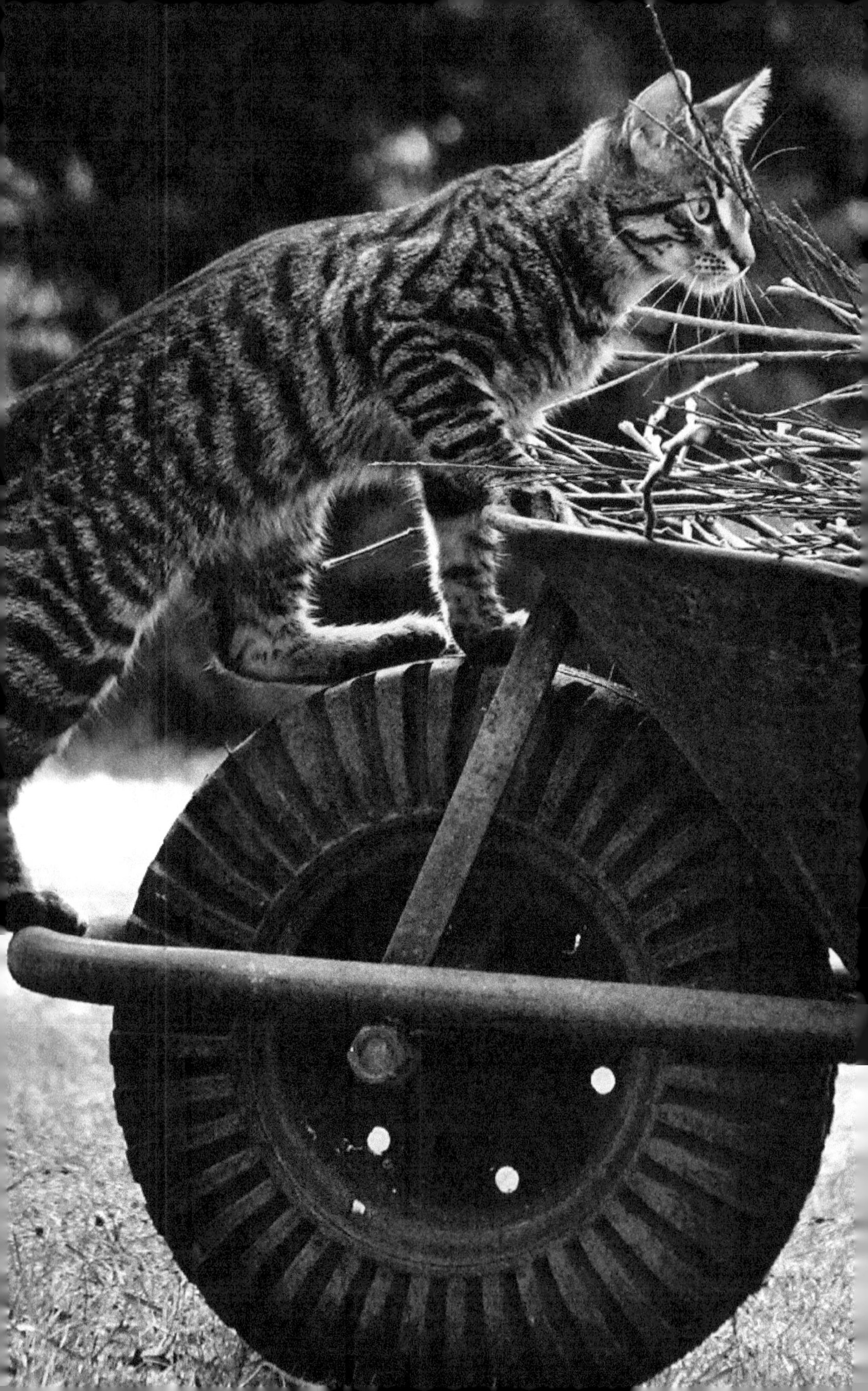